LIBRO DEL ALUMNO

Curso de español basado en el enfoque por tareas

Ernesto Martín Peris
Neus Sans Baulenas

2

gente

Nueva Edición

Esta nueva edición de GENTE 2, al igual que la de GENTE 1, es el resultado de las sugerencias, de las reacciones y de los comentarios de los usuarios del método desde su publicación.

Nuestra mayor satisfacción es que GENTE, el primer manual de español como lengua extranjera basado en el enfoque por tareas, ha recibido por parte de profesores y de alumnos una respuesta decididamente positiva. Escuelas de idiomas, universidades y centros del Instituto Cervantes de todo el mundo han elegido nuestro manual para enseñar español. Las razones son diversas pero todas nos remiten a las características del enfoque por tareas. Como resumió una usuaria del método, "GENTE *respeta la inteligencia del alumno y del profesor; plantea una manera democrática de enseñar porque al tener como punto de partida la propia identidad de los alumnos, estos siempre tienen algo que aportar y se sienten involucrados en el proceso de aprendizaje."*

Por otro lado, y más allá de las opiniones individuales de profesores y de alumnos, un acontecimiento de enorme importancia ha venido a consolidar el enfoque metodológico de GENTE: la publicación del **Marco común europeo de referencia para las lenguas: aprendizaje, enseñanza, evaluación de lenguas.** Este documento, fruto de diez años de investigación llevada a cabo por especialistas de la lingüística aplicada y de la pedagogía procedentes de todo el mundo, ha dado un impulso decisivo a las tareas al afirmar que "el enfoque aquí adoptado, en sentido general, se centra en la acción en tanto que considera a los usuarios y alumnos que aprenden una lengua principalmente como agentes sociales, es decir, como miembros de una sociedad que tiene tareas (no solo relacionadas con la lengua) que llevar a cabo en una serie determinada de circunstancias, en un entorno específico y dentro de una campo de acción concreto".

Así pues, la respuesta positiva de profesores y de alumnos, y la actualidad del enfoque, nos han estimulado a realizar una nueva edición de GENTE. Para ello hemos emprendido una cuidadosa revisión del manual, asesorados por una serie de equipos internacionales que han aportado su experiencia docente para mejorarlo.

Varios han sido los criterios y objetivos de esta revisión:

– **Revisión didáctica:** los equipos de asesores y los autores han realizado un detallado análisis de todas las actividades del manual con el objetivo de modificar (incluso de sustituir en los casos necesarios) aquellas que no satisfacían plenamente a profesores o a alumnos. En otros casos, simplemente se han propuesto cambios destinados a hacer más transparentes las dinámicas propuestas.

– **Adecuación al Marco de referencia y al Portfolio europeo de las lenguas:** la revisión realizada ha tenido también como objetivo potenciar los aspectos metodológicos más cercanos al enfoque que propugna el Marco. Además, se han señalado con un icono aquellas actividades susceptibles de ser incorporadas al Portfolio europeo de las lenguas, lo que refuerza los mecanismos de autoevaluación y concienciación del proceso de aprendizaje.

– **Actualización:** se han actualizado imágenes, personajes, monedas europeas y datos socioculturales.

– **Adaptación gráfica:** el equipo de diseñadores ha llevado a cabo una relectura del diseño original para hacer más clara y práctica la estructura del manual y de las unidades, poniendo de relieve las cinco secciones y mejorando la legibilidad y la claridad de algunos recursos gráficos.

– **Consultorio gramatical:** los resúmenes gramaticales del *Libro de trabajo* se han trasladado al *Libro del alumno.* El objetivo es potenciar el uso de esta herramienta y estimular la autonomía del alumno.

– **Libro de trabajo:** se han revisado los ejercicios.

– **CD audio:** para favorecer el trabajo autónomo del aprendiz, se incluyen en el *Libro del alumno* y el *Libro de trabajo* los CD con las audiciones de ambos libros.

Estamos plenamente convencidos de que con esta nueva edición de GENTE, la rentabilidad didáctica del método será mucho mayor tanto para profesores como para alumnos.

Cómo funciona *gente*

ENTRAR EN MATERIA. Estas páginas ofrecen un primer contacto con los temas y con el vocabulario de la unidad. Te anunciaremos cuál es la meta que nos hemos marcado para esta unidad y qué cosas vamos a aprender.

● Se presentan los objetivos y los contenidos gramaticales de la unidad.

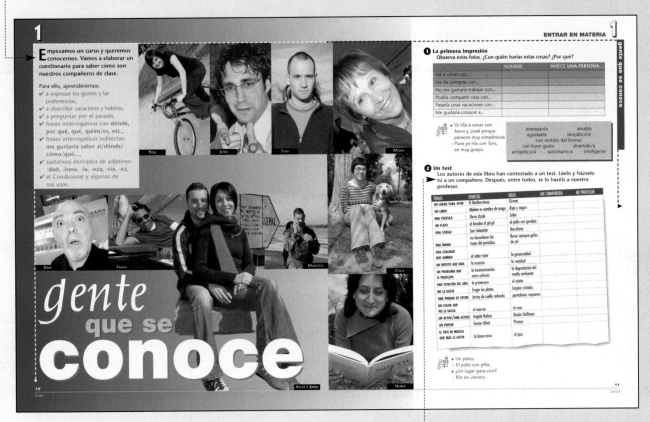

● Normalmente se proponen pequeñas actividades de comprensión.

EN CONTEXTO. Estas páginas presentan documentos con imágenes, textos escritos y textos orales similares a los que vas a encontrar en situaciones reales. Sirven para ponerte en contacto con los contenidos de la unidad y para desarrollar tu capacidad de comprender.

● Hay textos muy variados: conversaciones, anuncios, artículos de prensa, programas de radio, folletos, etc.

✓ Desde el principio vas a leer y a escuchar ejemplos auténticos del español de todos los días. No te preocupes si no lo entiendes absolutamente todo. No es necesario para realizar las actividades.

✓ Encontrarás nuevas estructuras y nuevos contenidos. Tranquilo, en las siguientes secciones vamos a profundizar en su uso.

Lo que vamos a hacer con cada documento está en el cuadro "Actividades".

Estos iconos presentan ejemplos que te servirán de apoyo para preparar tus propias producciones orales o escritas.

FORMAS Y RECURSOS. En las actividades de estas páginas vamos a fijar la atención en algunos aspectos gramaticales pensando siempre en cómo se usan y para qué sirven en la comunicación.

● Todos los recursos lingüísticos que se practican los encontrarás agrupados en una columna central. Esta "chuleta" te ayudará a realizar las actividades y podrás consultarla siempre que lo necesites.

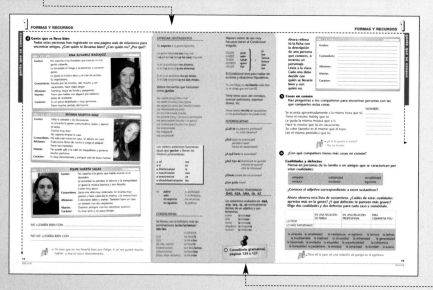

✓ Muchas veces tendrás que trabajar con uno o con varios compañeros y así practicaremos de una forma interactiva.

✓ En otras ocasiones te proponemos actividades en las que deberás explorar la lengua, fijarte en sus estructuras y en sus mecanismos para comprender mejor alguna regla determinada.

● En esta nota te indicamos las páginas del "Consultorio gramatical" de esta unidad, que se halla al final del libro, donde podrás ampliar las explicaciones que tienes en la "chuleta".

TAREAS. Aquí encontrarás tareas para realizar en cooperación, en pequeños grupos o con toda la clase. Son actividades que nos permitirán vivir en el aula situaciones de comunicación similares a las de la vida real: resolver un problema, ponerse de acuerdo con los compañeros, intercambiar información con ellos y elaborar un texto, entre otras.

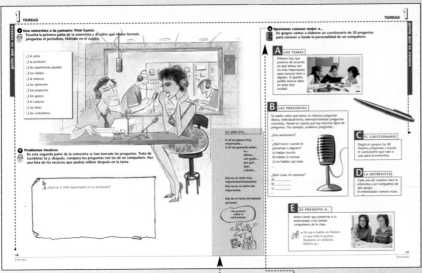

CÓMO TRABAJAR CON ESTAS PÁGINAS

✓ Lo más importante es la fluidez y la eficacia comunicativas. Recuerda que en páginas anteriores ya hemos practicado las herramientas lingüísticas que necesitas para comunicarte con tus compañeros; lo esencial ahora es llegar a manejar, en contexto, de forma natural y efectiva, y lo que hemos estudiado.

✓ En la fase de preparación, pregunta al profesor lo que necesites saber, o bien búscalo en el libro o en el diccionario, y discute con tus compañeros todo lo que consideres necesario para mejorar "el producto".

● En muchas ocasiones, la doble página aporta nuevos recursos prácticos para la presentación del resultado de la tarea o para su preparación en grupos. Estos recursos se recogen en el apartado "Os será útil".

Este icono indica qué actividades puedes incorporar a tu Portfolio.

MUNDOS EN CONTACTO. En estas páginas encontrarás información y propuestas para reflexionar sobre el mundo hispanohablante, tanto sobre la vida cotidiana como sobre otros aspectos: históricos, artísticos, etc.

CÓMO TRABAJAR CON ESTAS PÁGINAS

✓ Muchas veces tendremos que reflexionar sobre nuestra propia identidad cultural y sobre nuestras propias experiencias para poder entender mejor las otras realidades culturales.

✓ Hay textos que te pueden parecer complejos. Pero ten en cuenta que solo tienes que entenderlos, no se trata de producir textos similares.

● En estas páginas encontraremos textos y actividades que nos ayudarán a entender mejor las sociedades hispanohablantes y nuestra propia cultura.

Índice

③ **gente que lo pasa bien**	④ **gente sana**	⑤ **gente y cosas**
Informarse sobre actividades de ocio a partir de anuncios, y expresar preferencias sobre los mismos. Describir los propios hábitos en el tiempo libre.	A partir de unas recomendaciones para prevenir problemas cardiovasculares, decidir si se lleva una vida sana.	Rellenar un test y describir los propios hábitos en actividades y gestos cotidianos.

③ gente que lo pasa bien

COMUNICACIÓN
Expresar preferencias.
Proponer, aceptar y rechazar invitaciones y propuestas.
Expresar deseos de hacer algo.
Concertar citas.

VOCABULARIO
Lugares y actividades de ocio.

TEXTOS
Anuncios publicitarios (CL).
Conversaciones (CA, EE).

COMUNICACIÓN
Describir y valorar espectáculos.
Recomendar un espectáculo.
Proponer y rechazar una invitación, y excusarse.
Planificar un día festivo.

SISTEMA FORMAL
¿Qué te/le/os/les apetece + hacer/...?
Aceptar: **Vale / Buena idea. Me apetece.**
Es que + expresión de tiempo + **no puedo/...**

VOCABULARIO
Adjetivos para valorar.
Actividades de ocio.
Cine y televisión: géneros, características...

TEXTOS
Títulos de películas (CL, IO).
Programación televisiva (CL, IO).
Conversaciones (CA, IO).

Planificar un fin de semana en una ciudad española.

COMUNICACIÓN
Buscar información sobre la oferta cultural y de ocio.
Expresar preferencias personales.
Concertar citas.

SISTEMA FORMAL
¿Cómo / A qué hora / Dónde... quedamos?
¿Te/os/les va bien...?
Mejor / Preferiría...

VOCABULARIO
Espectáculos y oferta cultural.

TEXTOS
Guía de ocio (CL, EE).
Programa radiofónico (CA, IO).

Conocer las costumbres de los españoles en su tiempo libre a partir de un artículo periodístico y de imágenes, y contrastarlas con los hábitos del país de origen.

---

④ gente sana

COMUNICACIÓN
Informarse sobre problemas de salud. Dar consejos para combatir y evitar enfermedades.
Relato de experiencias sobre salud.

SISTEMA FORMAL
Perífrasis de obligación: **(no) debes / (no) se tiene que / (no) hay que** + *Infinitivo*.
Oraciones condicionales: **si** + *Presente*.

VOCABULARIO
Enfermedades y accidentes.

TEXTOS
Artículo de divulgación (CL, EE).
Conversaciones (CA, EE).

COMUNICACIÓN
Preguntar y responder sobre el estado físico y sobre el estado de salud.
Explicar los síntomas de una enfermedad.
Advertencias y consejos.

SISTEMA FORMAL
Tú impersonal: **Si** + 2ª persona singular / **Cuando** + 2ª persona singular.
(No) + 2ª persona singular... / **(No) debes...** / **(No) hay que...** + *Infinitivo*.
Imperativo: verbos regulares y verbos irregulares.
Algunos usos de **poder**.

VOCABULARIO
Estados de salud y partes del cuerpo.
Enfermedades.

TEXTOS
Ficha médica (CL, EE, IO).
Conversaciones (CA, EE).

Crear una campaña para la prevención de accidentes o de problemas de salud.

COMUNICACIÓN
Seleccionar vocabulario útil para la realización de la campaña.
Elaborar una serie de consejos y de recomendaciones.

SISTEMA FORMAL
Relacionar ideas: **sin embargo, a pesar de que, ya que...**
Adverbios en **-mente**.

VOCABULARIO
Reutilización de lo aparecido en secciones anteriores.

TEXTOS
Campaña de prevención (CL, EE).

Conocer las propiedades terapéuticas del ajo a partir de un artículo periodístico. Proponer un remedio casero.
Contrastar los hábitos alimentarios de los españoles con los del país de origen.

---

⑤ gente y cosas

COMUNICACIÓN
Describir objetos y aparatos: utilidad y funcionamiento.
Expresar opiniones.
Relato de experiencias de personas zurdas.

VOCABULARIO
Objetos y aparatos de uso cotidiano.

TEXTOS
Textos periodísticos divulgativos (CL, EE, IO).

COMUNICACIÓN
Describir objetos: formas, materiales, partes, componentes, utilidad, funcionamiento y propiedades.

SISTEMA FORMAL
Sirve para... / Se usa para... / Lo usan/...
Se enchufa / Se abre... / Va con... / Funciona con.
Se puede / No se puede + *Infinitivo*.
Presente de Subjuntivo: verbos regulares e irregulares más frecuentes: **ser, ir, poder...**
Pronombres átonos de CD: **lo/la/los/las.**
Usos de **se**: impersonalidad e involuntariedad.

VOCABULARIO
Objetos de uso cotidiano.
Materiales.
Formas.

TEXTOS
Conversaciones (CA).

Diseñar un conjunto de "viviendas inteligentes" que hagan más fácil la vida cotidiana.

COMUNICACIÓN
Hablar de problemas domésticos.
Diseñar "viviendas inteligentes".

SISTEMA FORMAL
Relativas con preposición.
Usos de **con** y de **para**.
Usos de **se**.

TEXTOS
Página web (CL).

Lectura de unas greguerías de Ramón Gómez de la Serna e interacción oral a partir de tres obras artísticas de Salvador Dalí, Joan Miró y Eduardo Chillida.

6	**7**	**8**
gente de novela	**gente con ideas**	**gente que opina**

Explicar qué estaba haciendo cada uno en unas fechas determinadas.	Relatar problemas domésticos. Leer un anuncio interactivo.	A partir de una lista de temas, especular sobre su posible evolución en el siglo XXI.

COMUNICACIÓN
Relato de acciones pasadas.

TEXTOS
Lista de enunciados (CL, IO).
Artículo de prensa (CL, EE).
Conversaciones (CA).

COMUNICACIÓN
Obtener información sobre servicios.
Valorar la necesidad y la utilidad de estos.
Solicitar servicios.

VOCABULARIO
Establecimientos, productos y servicios.

TEXTOS
Anuncio de prensa (CL).
Encuesta (CL, IO).
Anuncio radiofónico (CA, IO).
Conversaciones telefónicas (CA).

COMUNICACIÓN
Hablar del futuro y hacer hipótesis.
Expresar opiniones sobre un texto.
Describir hábitos.

VOCABULARIO
Objetos de uso cotidiano.

TEXTOS
Texto divulgativo (CL, IO).
Artículo de opinión (CL, IO).

COMUNICACIÓN
Expresar circunstancias y relatar acciones pasadas. Pedir información sobre acciones pasadas.

SISTEMA FORMAL
Contraste entre los usos del Pluscuamperfecto y del Imperfecto.
Contraste entre pasados.
Morfología del Pluscuamperfecto.
Expresiones temporales: **en aquel momento, un rato antes, al cabo de un rato...**
Saber, recordar, suponer.
Referirse a horas aproximadas: **a / sobre las...**
Preguntas sobre el pasado: **¿Qué / Dónde/...?**

VOCABULARIO
Reutilización de lo aparecido en secciones anteriores.

TEXTOS
Relato novelesco (CL, EE). Tickets y agenda (CL, EE). Interrogatorio (CA, EE).

COMUNICACIÓN
Opinar sobre diferentes empresas.
Escribir un anuncio.
Protestar y reclamar un servicio.

SISTEMA FORMAL
Futuro de verbos regulares e irregulares: **tener, salir, venir, poner, haber, decir, hacer.**
Usos del Futuro.
Cualquier(a), todo el mundo, todo lo que.
Todo/a/os/as.
Pronombres átonos OD + OI: **se + lo/la/los/las.**

VOCABULARIO
Empresas diversas.
Comidas y bebidas.

TEXTOS
Anuncios (CL, IO).
Conversaciones telefónicas (CA, IO).

COMUNICACIÓN
Expresar opiniones sobre acontecimientos futuros.
Mostrar acuerdo y desacuerdo, y argumentar.
Clarificar las opiniones.

SISTEMA FORMAL
Yo creo que... / Estoy seguro/a de que... / Tal vez... /... + *Indicativo.*
(Yo) no creo que... / Tal vez... + *Subjuntivo.*
Conectores: **además, incluso, entonces...**
Dejar de + *Infinitivo.*
Ya no + *Presente.*
Cuando + *Subjuntivo.*

VOCABULARIO
Reutilización de lo aparecido en secciones anteriores.

TEXTOS
Catálogo de inventos (CL, IO). Cuestionario (CL, IO). Conversaciones (CA, IO, EE).
Texto divulgativo (CL, IO).

Investigar un caso muy misterioso.

COMUNICACIÓN
Dar y pedir información sobre hechos y sobre circunstancias pasadas.
Valorar hipótesis sobre sucesos pasados.

SISTEMA FORMAL
A mí me parece que... / No puede ser porque... / Aquí dice que... / Fue... quién... / Fíjate en que/...

TEXTOS
Conversaciones (CA, EE).
Diario novelesco (CL, IO).

Crear una empresa y diseñar un anuncio para la televisión.

COMUNICACIÓN
Valorar diferentes empresas y servicios.
Elogiar.

SISTEMA FORMAL
Todo el mundo / la gente / la mayoría (de las personas) / mucha gente / casi nadie / nadie/...
Construcciones para argumentar: **Lo que pasa es que... / El problema es que/...**
Expresar impersonalidad: **Puedes... / Uno puede... / Se puede.../...**

TEXTOS
Anuncios (CL, EE, IO).

Elaborar y debatir un programa de actuación para preparar un futuro mejor para la sociedad.

COMUNICACIÓN
Recursos para el debate: negociación de los turnos de palabra, contradecir, etc.

VOCABULARIO
Sociedad, tecnología, medio ambiente, etc.

Descripción de un personaje literario. Resumir el argumento de una novela.	Obtener información y discutir sobre las relaciones económicas internacionales y el papel de las ONG.	A partir de un texto de Miguel Delibes, reflexionar sobre la evolución de la Humanidad y los desequilibrios medioambientales. Leer y responder a una encuesta sobre ingeniería genética.

9 · gente con carácter

Relacionar una serie de problemas con unos personajes que pueden padecerlos. Referir problemas y aconsejar.

COMUNICACIÓN
Expresar opiniones.
Relatar un conflicto.
Expresión de sentimientos y de estados de ánimo.

VOCABULARIO
Las relaciones amorosas.
Estado de ánimo y carácter.

TEXTOS
Artículos de opinión (CL, IO).
Conversaciones (CA, EE, IO).

COMUNICACIÓN
Expresar sentimientos y estados de ánimo.
Describir cambios de personalidad.
Imaginar contextos para diferentes enunciados.
Valorar comportamientos y dar consejos.

SISTEMA FORMAL
Me/te/le da miedo / risa /... + *Infinitivo*.
Me/te/le da miedo / risa /... **que** + *Subjuntivo*.
Me/te/le pongo nervioso / contento/... + **si/cuando** + *Indicativo*.
Poco / un poco.
Ponerse, quedarse, volverse, hacerse.

VOCABULARIO
Ampliación de lo presentado en secciones anteriores.

TEXTOS
Artículos (CL, IO).

Investigar los problemas y los conflictos de una serie de personas y proponer soluciones.

COMUNICACIÓN
Sentimientos y estados de ánimo.
Dar consejos.
Relaciones entre personas.

SISTEMA FORMAL
Usos de estar.
Llevarse, entenderse, pelearse...
Lo mejor es que + *Subjuntivo*.

VOCABULARIO
Reutilización y ampliación de lo aparecido en secciones anteriores.

TEXTOS
Cartel de una película (CL).
Guión (CL).
Conversaciones (CA, IO, EE).

Lectura y valoración de unos poemas de Mario Benedetti.
Especular sobre la temática sobre y los conflictos personales tratados en una serie de películas a partir de sus carteles.

10 · gente y mensajes

Identificar diferentes recados escritos, con las llamadas a las que se refieren.

COMUNICACIÓN
Identificar la finalidad de diferentes mensajes escritos. Reconocer el grado de formalidad de diferentes textos.
Pedir objetos, acciones, ayuda y permiso.
Advertir y recordar.
Invitaciones y felicitaciones.

VOCABULARIO
Fórmulas en la correspondencia (invitaciones, peticiones, felicitaciones...).

TEXTOS
Mensajes escritos diversos (CL).
Conversaciones telefónicas (CA, EE).

COMUNICACIÓN
Pedir cosas y permiso.
Escribir notas de petición, de agradecimiento, de disculpa...

SISTEMA FORMAL
¿Tienes... / Me dejas...?
¿Puedes / Podrías / Te importaría + *Infinitivo*...?
¿Puedo + *Infinitivo*?
Referir informaciones (+ Indicativo).
Referir peticiones y propuestas (+ Subjuntivo).
Referir preguntas.
Posesivos: **el mío/la mía/los míos/las mías,...**

VOCABULARIO
Herramientas de uso cotidiano.
Verbos de lengua.

TEXTOS
Mensajes telefónicos (CA, EE).

Escribir una postal o un correo electrónico a toda la clase y referir su contenido.

COMUNICACIÓN
Solicitar acciones y servicios.
Especular sobre la identidad del autor de un texto.
Referir el contenido de una postal o de un correo electrónico.
Discutir la corrección de un texto.

TEXTOS
Contestadores automáticos (CA, EE).
Postal o correo electrónico (EE).

Sensibilizarse sobre las diferencias entre la comunicación oral y la escrita, y las diferencias culturales en su uso.
Explicar el contenido de una carta de Federico García Lorca.

11 · gente que sabe

Recopilar y buscar información sobre tres países latinoamericanos y ponerla en común con la clase. Dar información con diferentes grados de seguridad.

COMUNICACIÓN
Dar información con diferentes grados de seguridad.
Discutir datos.
Comprobar la validez de la información.

VOCABULARIO
Geografía, economía, costumbres e historia.

TEXTOS
Test (CL, EE, IO).
Concurso de televisión (CA, IO).
Emisión radiofónica (CA, IO).

COMUNICACIÓN
Pedir información.
Grados de seguridad.
Pedir confirmación.
Descubrir errores.

SISTEMA FORMAL
¿Sabe/s si... / Cuál.../...?
Recordar: ¿Recuerdas... / Te acuerdas de cuál...?
Yo diría que... / debe de... /...
Acuerdo y desacuerdo.
Sí, sí, es verdad / (Ah, ¿sí?) Yo creía que / No lo sabía/...

VOCABULARIO
Descripción de un país: geografía, sociedad, economía, etc.

TEXTOS
Cuestionarios (CL, EE, IO).
Conversaciones (CA).

Hacer un concurso en equipos sobre conocimientos culturales.

COMUNICACIÓN
Dar y pedir información con diferentes grados de seguridad.
Expresión de desconocimiento.
Discutir información.

SISTEMA FORMAL
Interrogativas indirectas: **Podemos preguntarles si / quién / cómo / dónde/...**

VOCABULARIO
Reutilización de lo aparecido en secciones anteriores.

TEXTOS
Cuestionario (CL, IO).

Tras extraer información sobre tres islas, escoger una de ellas y justificar la elección.

Empezamos un curso y queremos conocernos. Vamos a elaborar un cuestionario para saber cómo son nuestros compañeros de clase.

Para ello, aprenderemos:
✔ a expresar los gustos y las preferencias,
✔ a describir caracteres y hábitos,
✔ a preguntar por el pasado,
✔ frases interrogativas con **dónde, por qué, qué, quién/es,** etc.,
✔ frases interrogativas indirectas: **me gustaría saber si / dónde / cómo / qué/...,**
✔ sustantivos derivados de adjetivos: **-dad, -ismo, -ía, -eza, -cia, -ez,**
✔ el Condicional y algunos de sus usos.

YOLI

JOSU

TONI

DANI

FRANK

MARCELO

gente
que se
conoce

JORDI Y ASUN

❶ La primera impresión

Observa estas fotos. ¿Con quién harías estas cosas? ¿Por qué?

	NOMBRE	PARECE UNA PERSONA...
Iría a cenar con...		
Iría de compras con...		
No me gustaría trabajar con...		
Podría compartir casa con...		
Pasaría unas vacaciones con...		
Me gustaría conocer a...		

MARÍA

CHUS

NURIA

● Yo iría a cenar con Asun y Jordi porque parecen muy simpáticos.
○ Pues yo iría con Toni, es muy guapo.

> interesante   amable   agradable
> simpático/a   con sentido del humor
> con buen gusto   divertido/a   guapo/a
> antipático/a   autoritario/a   inteligente...

❷ Un test

Los autores de este libro han contestado a un test. Léelo y luego házselo tú a un compañero. Después, entre todos, se lo hacéis a vuestro profesor.

TEMAS	ERNESTO	NEUS	UN COMPAÑERO	MI PROFESOR
UN LUGAR PARA VIVIR	El Mediterráneo	Girona		
UN LIBRO	*Malena es nombre de tango*	*Rojo y negro*		
UNA PELÍCULA	*Dersu Uzala*	*Solas*		
UN PLATO	el bacalao al pil-pil	el pollo con gambas		
UNA CIUDAD	San Sebastián	Barcelona		
UNA MANÍA	no desordenar las hojas del periódico	llevar siempre gafas de sol		
UNA CUALIDAD QUE ADMIRA	el saber estar	la generosidad		
UN DEFECTO QUE ODIA	la avaricia	la vanidad		
UN PROBLEMA QUE LE PREOCUPA	la incomunicación entre culturas	la degradación del medio ambiente		
UNA ESTACIÓN DEL AÑO	la primavera	el otoño		
NO LE GUSTA	fregar los platos	limpiar cristales		
UNA PRENDA DE VESTIR	jersey de cuello redondo	pantalones vaqueros		
UN COLOR QUE NO LE GUSTA	el marrón	el rosa		
UN ACTOR/UNA ACTRIZ	Angela Molina	Dustin Hoffman		
UN PINTOR	Gustav Klimt	Picasso		
EL TIPO DE MÚSICA QUE MÁS LE GUSTA	la bossa nova	el jazz		

● Un plato.
○ El pollo con piña.
● ¿Un lugar para vivir?
○ Río de Janeiro.

3 **Una bailaora muy especial**

Antonia Moya

Antonia Moya nació en Granada en 1958. Estudió Psicología en la universidad de esta misma ciudad. A los 22 años, terminada la carrera, se trasladó a Nueva York con la intención de matricularse en un programa del Hunter College para especializarse en terapias a través del baile; pero el reencuentro con el flamenco, paradójicamente tan lejos de Andalucía, le hizo cambiar de planes. De vuelta a España, se dedicó íntegramente al estudio del flamenco. Bailaora profesional desde 1984, ha actuado en los más prestigiosos tablaos de Madrid y en numerosos países con espectáculos de danza contemporánea y de flamenco, además de combinarlo con la enseñanza de cursos de flamenco. Actualmente, es copropietaria de un tablao de flamenco de Madrid, Las Tablas, y miembro de la compañía flamenca "Tres al compás". Está casada con un músico suizo y tiene un hijo y una hija.

PREGUNTAS MUY PERSONALES

La clave de la felicidad es... tomarse la vida con calma.
¿Qué rasgo de su personalidad le gustaría cambiar?
La inseguridad.
¿Y de su físico? Ninguno.
Su mayor defecto es... la impaciencia.
Su peor vicio es ... comer dulces.
Es negada para... planchar.
Se considera enemiga de... la avaricia.
Le preocupa... el medio ambiente.
Su asignatura pendiente es... la danza contemporánea.
Le gustaría conocer a... Mario Benedetti.
A una isla desierta se llevaría... una tortilla de patatas y un buen vino tinto.
¿Qué cualidad aprecia más en un hombre?
La generosidad.
Le da vergüenza... hablar en público.
¿Cree en la pareja? Sí.
Antes de dormir le gusta... leer un poco.
Si no fuera bailaora sería... cantaora.
Le pone nerviosa... el ruido de las motos.
Una manía... ordenar zapatos.
Le da miedo... caminar sola por una calle oscura en una gran ciudad.
Su vida cambió al... volver a España para estudiar flamenco en Madrid.

	LE GUSTA/N	ODIA...
Prenda de vestir:	los pantalones	la minifalda
Actor:	Al Pacino	a Antonio Banderas
Película:	*El padrino*	*Rambo*
Deporte:	la natación	ninguno
En su tiempo libre:	estar con mis hijos	hacer pasatiempos
Comida:	los erizos de mar	las mollejas
Género musical:	el flamenco	la canción española

PREFIERE...

la izquierda o la derecha
de día o de noche
de copas o en casa
París o Nueva York
el agua o el whisky
la ciudad o el campo
el cine o el teatro
un ordenador o un bolígrafo
el Papa o el Dalai Lama
Woody Allen o Spielberg
el jamón o el caviar

Actividades

A Después de leer la biografía de Antonia y sus respuestas a los cuestionarios, ¿cuáles de los siguientes adjetivos crees que se le pueden aplicar?

optimista   pesimista
sin complicaciones   complicada
tranquila   nerviosa   segura
insegura   tradicional
moderna   sociable   tímida
simpática   antipática
conservadora   progresista
valiente   miedosa

B Asegúrate de que entiendes el significado de estos adjetivos. ¿Cómo los agruparías? Trabaja con un compañero.

C ¿Y tú? ¿Tienes algo en común con ella? Explícaselo a tus compañeros.

 • Yo también odio
   los *reality shows*.

D Ahora, elige tres temas del cuestionario y hazle las preguntas correspondientes a un compañero.

el test

Para un sábado por la noche prefiere...
a. ✓ una buena película
b. un buen libro
c. bailar

Cambia de canal en la tele cuando tropieza con...
a. una película violenta
b. ✓ un *reality show*
c. un partido de fútbol

Le emociona más...
a. ✓ el flamenco
b. el blues
c. la música clásica

Le dedicaría unas bulerías a...
a. el Rey
b. ✓ Lula da Silva
c. Björk

En la vida ha encontrado mucha...
a. ✓ amistad
b. envidia
c. hipocresía

¿Qué soporta peor?
a. la mentira
b. la infidelidad
c. ✓ la superficialidad

¿Qué le indigna más?
a. las pruebas nucleares
b. el culto al dinero
c. ✓ el racismo

gente que se conoce

4 Gente que se lleva bien

Estas personas se han registrado en una página web de relaciones para encontrar amigos. ¿Con quién te llevarías bien? ¿Con quién no? ¿Por qué?

ANA ÁLVAREZ BADAJOZ

Gustos: No soporta a los hombres que roncan ni a la gente cobarde.
Le encantan el riesgo y la aventura, y conocer gente.
Le gusta la música disco y el cine de acción.
Es vegetariana.

Costumbres: Estudia por las noches, sale mucho y, en vacaciones, hace viajes largos.

Aficiones: *Puenting*, esquí de fondo y parapente.

Manías: Tiene que hablar con alguien por teléfono antes de acostarse.

Carácter: Es un poco despistada y muy generosa.
Tiene mucho sentido del humor.

SUSANA MARTOS DÍAZ

Gustos: Odia la soledad y las discusiones.
Le encanta la gente comunicativa, bailar y dormir la siesta.
Cocina muy bien.
No soporta limpiar la casa.

Costumbres: No está casi nunca en casa porque se aburre en casa.

Aficiones: Colecciona libros de cocina y juega al póquer.
Tiene tres hámsters.

Manías: No puede salir a la calle sin maquillarse y ponerse mucho perfume.

Carácter: Es muy desordenada y siempre está de buen humor.

FELIPE HUERTA SALAS

Gustos: No soporta a la gente que habla mucho ni el desorden.
Le encantan la soledad, el silencio y la tranquilidad.
Le gusta la música barroca y leer filosofía.
Come muy poco.

Costumbres: Lleva una vida muy ordenada. Se levanta muy pronto y hace cada día lo mismo, a la misma hora.

Aficiones: Colecciona sellos y arañas. También tiene en casa un terrario con dos serpientes.

Manías: Duerme siempre con los calcetines puestos.

Carácter: Es muy serio y un poco tímido.

ME LLEVARÍA BIEN CON _____

_____

NO ME LLEVARÍA BIEN CON _____

_____

● Yo creo que no me llevaría bien con Felipe. A mí me gusta mucho hablar y además soy un poco desordenada.

EXPRESAR SENTIMIENTOS

No **soporto** a la gente hipócrita.

La gente falsa **me cae** muy mal.
La**s** personas falsa**s me caen** muy mal.

A mí la publicidad **me divierte.**
A mí lo**s** anuncio**s me divierten.**

A mí ir al dentista **me da miedo.**
A mí la**s** serpiente**s me dan** miedo.

Verbos frecuentes que funcionan como **gustar.**

me cae/**n** (muy) bien / mal
me da/**n** (mucha) risa / pena
me da/**n** (un poco de / mucho) miedo
me interesa/**n** (mucho)
no me interesa/**n** (nada)
me pone/**n** (muy / un poco) nervioso/a
me preocupa/**n** (mucho / un poco)
me molesta/**n** (mucho / un poco)
me emociona/**n**
me indigna/**n**
me encanta/**n**

Los verbos anteriores funcionan igual que **gustar** y llevan los mismos pronombres:

a mí	me
a ti	te
a él/ella/usted	le
a nosotros/as	nos
a vosotros/as	os
a ellos/ellas/ustedes	les

Yo	**adoro**	la publicidad.
	odio	ir al dentista.
	no soporto	los anuncios.
	no aguanto	la política.

CONDICIONAL

Se forma con el Infinitivo más las terminaciones **ía/ías/ía/íamos/íais/ían.**

	LLEVARSE
(yo)	me llevaría
(tú)	te llevarías
(él, ella, usted)	se llevaría
(nosotros/as)	nos llevaríamos
(vosotros/as)	os llevaríais
(ellos, ellas, ustedes)	se llevarían

Algunos verbos de uso muy frecuente tienen el Condicional irregular.

PODER	podr-			ía
SABER	sabr-			ías
TENER	tendr-	}	+	ía
QUERER	querr-			íamos
HACER	har-			íais
				ían

El Condicional sirve para hablar de acciones y situaciones hipotéticas.

Yo, con Felipe, no **me llevaría** nada bien. (= no tengo que vivir con él)

Tiene otros usos: dar consejos, suavizar peticiones, expresar deseos, etc.

Ahora mismo **me iría** de vacaciones. (= me gustaría pero no puedo irme)

INTERROGATIVAS

¿Cuál es tu deporte preferido?
tu color favorito?

¿Qué deporte practicas?
periódico lees?
haces en vacaciones?

¿A qué hora te acuestas?

¿Qué tipo de literatura te gusta?
música te gusta?
cine te interesa?

¿Dónde pasas las vacaciones?

¿Con quién vives?

SUSTANTIVOS FEMENINOS: -DAD, -EZA, -URA, -ÍA, -EZ

Los sustantivos acabados en **-dad, -eza, -ura, -ía, -ez** normalmente derivan de un adjetivo y son femeninos.

bueno	la bon**dad**
bello	la bell**eza**
tierno	la tern**ura**
simpático	la simpat**ía**
maduro	la madur**ez**

▶ **Consultorio gramatical, páginas 124 a 127.**

Ahora rellena tú la ficha con la descripción de una persona que conoces, o inventa un personaje. Léela a la clase. Cada uno debe decidir con quién se llevaría bien y con quién no.

Gustos: _____
_____

Costumbres: _____

Aficiones: _____

Manías: _____

Carácter: _____

5 Cosas en común

Haz preguntas a tus compañeros para encontrar personas con las que compartes estas cosas.

NOMBRE

Se acuesta aproximadamente a la misma hora que tú. _____
Tiene el mismo hobby que tú. _____
Le gusta la misma música que a ti. _____
Hace lo mismo que tú en vacaciones. _____
Su color favorito es el mismo que el tuyo. _____
Lee el mismo periódico que tú. _____

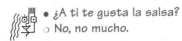

● ¿A ti te gusta la salsa?
○ No, no mucho.

¿Con qué compañero tienes más cosas en común?

6 Cualidades y defectos

Piensa en personas de tu familia o en amigos que se caractericen por estas cualidades:

simpatía	solidaridad	sensilbilidad
ternura	modestia	egoísmo

¿Conoces el adjetivo correspondiente a estos sustantivos?

Ahora observa esta lista de sustantivos. ¿Cuáles de estas cualidades aprecias más en la gente? ¿Qué defectos te parecen más graves? Elige dos cualidades y dos defectos para cada caso y coméntalo.

	EN UNA RELACIÓN DE PAREJA	EN UNA RELACIÓN PROFESIONAL	PARA COMPARTIR PISO
LO PEOR			
LO MÁS IMPORTANTE			

la simpatía   la sensibilidad   la inteligencia   el egoísmo   la ternura   la belleza
la insolidaridad   la fidelidad   la sinceridad   la infidelidad   la generosidad
la hipocresía   la modestia   la estupidez   la superficialidad   la coherencia
la honestidad   la pedantería   la seriedad   la tenacidad   la bondad   la avaricia

● Para mí lo peor en una relación de pareja es el egoísmo.

7 Una entrevista a la cantante Trini García

Escucha la primera parte de la entrevista y di sobre qué temas formula preguntas el periodista. Márcalo en el cuadro.

- ☐ el amor
- ☐ la profesión
- ☐ las experiencias pasadas
- ☐ los *hobbys*
- ☐ la infancia
- ☐ las opiniones
- ☐ los proyectos
- ☐ los gustos
- ☐ el carácter
- ☐ las ideas
- ☐ las costumbres

8 Problemas técnicos

En esta segunda parte de la entrevista se han borrado las preguntas. Trata de escribirlas tú y, después, compara tus preguntas con las de un compañero. Haz una lista de los recursos que podrás utilizar después en la tarea.

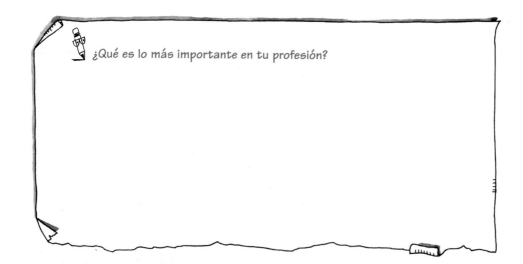

¿Qué es lo más importante en tu profesión?

❾ **Queremos conocer mejor a...**

En grupos vamos a elaborar un cuestionario de 20 preguntas
para conocer a fondo la personalidad de un compañero.

A LOS TEMAS

Primero hay que
ponerse de acuerdo
en qué temas son
los más importantes
para conocer bien a
alguien. Si queréis,
podéis buscar ideas
en toda esta
unidad.

B LAS PREGUNTAS

Ya sabéis sobre qué temas os interesa preguntar.
Ahora, individualmente, intentad formular preguntas
concretas. Tened en cuenta que hay muchos tipos de
preguntas. Por ejemplo, podemos preguntar...

¿Eres aventurero/a?

...

**¿Qué haces cuando te
presentan a alguien?**

a) hablas mucho

b) hablas lo normal

c) no hablas casi nada

...

¿Qué cosas no soportas?

a) _____

b) _____

c) _____

...

C EL CUESTIONARIO

En grupos elegid las 20
mejores preguntas y haced
el cuestionario que vais a
usar para la entrevista.

D LA ENTREVISTA

Cada uno de vosotros hace la
entrevista a un compañero de
otro grupo.
El entrevistador tomará notas.

E OS PRESENTO A...

Ahora tienes que presentar
a tu entrevistado a los demás
compañeros de la clase.

• Os voy a hablar de Robert.
Lo que más le gusta...
Respecto al carácter,
Robert es...

OS SERÁ ÚTIL...

A mí me parece muy
importante...

A mí me gustaría saber...

... si...

... dónde...

... con quién...

... por qué...

... qué...

... cuándo...

Ese es un tema muy
importante/interesante.

Ese no es un tema tan
importante.

Ese es un tema demasiado
personal.

> Me gustaría
> saber si
> está casada.

GENTE CREATIVA

La cultura hispana está ejerciendo, en la actualidad, una influencia arrolladora a ambos lados del charco. En diferentes disciplinas artísticas y científicas destacan personalidades del mundo hispano: la ciencia, el cine, la música, la literatura, la cocina...

BEBO VALDÉS, DIEGO EL CIGALA Y FERNANDO TRUEBA, la historia de un encuentro apasionante

Lágrimas negras es el título de un disco en el que el octogenario cubano Bebo Valdés y el treintañero gitano Diego el Cigala funden lo mejor que llevan dentro: la calma caribeña con la garra del flamenco.

Dos hombres, dos músicos, dos generaciones, dos formas de entender la música que se encuentran gracias a Fernando Trueba.

BEBO VALDÉS, seguir aprendiendo (CUBA, 1918)

Figura capital de la música latina, ya en 1952 el productor Norman Granz le encargó la primera grabación de jazz cubano en Nueva York. En 1960, Bebo Valdés abandonó Cuba y desde 1963 vive en Estocolmo. En 2001 interpretó el bolero "Lágrimas negras" en *Calle 54,* de Trueba. Refiriéndose a Diego el Cigala, dice: "A su lado estoy aprendiendo mucho sobre el flamenco. Tengo 85 años, pero siempre hay que aprender. ¡Aunque tengas 500 años!" En otra entrevista aseguró: "No podré retirarme nunca, creo que me moriré tocando el piano".

DIEGO EL CIGALA, el cantaor más libre (ESPAÑA ,1968)

De niño cantaba por el Rastro madrileño y ganaba concursos de flamenco. Hoy es uno de los artistas más importantes del flamenco. De *Lágrimas negras* cuenta: "La primera vez que grabamos juntos lloró hasta el apuntador". Y de su relación con Bebo Valdés comenta: "Yo antes era más rabioso, más salvaje. Bebo me ha templado. Nunca tiene una palabra más alta que otra y no se altera por nada. Junto a él me siento muy suelto, muy tranquilo; me da serenidad".

FERNANDO TRUEBA, cineasta apasionado del jazz (ESPAÑA, 1955)

"En flamenco soy un completo ignorante" confiesa este cineasta ganador de un Oscar. Pero parece ser que es un erudito del jazz. Con el documental sobre jazz latino, *Calle 54* y con su productora musical Calle 54 Records, Trueba rinde un apasionado homenaje a los músicos y populariza internacionalmente el fenómeno del jazz latino.

10 Según lo que has leído, ¿qué adjetivos de la siguiente lista utilizarías para definir bien a cada uno de estos personajes? Puedes añadir tú otros adjetivos.

imaginativo – genial – soñador – idealista – romántico – generoso – comprometido – realista – extravagante – emprendedor – ambicioso – polifacético – arriesgado – atrevido – abierto – comunicativo – reflexivo – sensible – sincero – apasionado...

11 ¿Cuál de ellos te parece más interesante? ¿Qué preguntas le harías en una entrevista? Si te interesa alguno especialmente, puedes conectarte a Internet para saber más cosas sobre su vida y su obra.

FERRAN ADRIÀ, ¿el mejor cocinero del mundo? (ESPAÑA, 1965)

Fanático del trabajo bien hecho y con una imaginación sin límites, Ferran Adrià se ha convertido en el más importante representante de la nueva cocina española. Muchos lo consideran el mejor cocinero del mundo, y con conceptos revolucionarios como el de la "deconstrucción" (raviolis esféricos, polenta helada, tortilla de patatas líquida, mousse de humo...) ha obtenido platos que han sorprendido y fascinado al mundo entero.
Su sueño: que la humanidad solucione el problema del hambre.

"La cocina es un arte muy completo en el que intervienen todos los sentidos, al contrario que otras disciplinas, como por ejemplo la pintura, que entra por la vista, o la música, por el oído. En la cocina, en cambio, todo los sentidos están presentes, tanto la vista, como el sabor, el olor, el tacto y el oído. ¡Ah! Y también está el sentido del hambre..."

LAURA RESTREPO, periodismo y literatura sobre un volcán (COLOMBIA, 1950)

Esta escritora, periodista y ex guerrillera, ganadora del premio Alfaguara 2004 y apadrinada por García Márquez, fue nombrada por el presidente de Colombia Belisario Betancur miembro de la comisión negociadora de paz entre el gobierno y la guerrilla M-19. Sus novelas son crónicas a medio camino entre el realismo mágico y la crudeza cotidiana de uno de los países más convulsos del planeta: narcotraficantes aplastados por el peso del honor (*Leopardo al sol*), el itinerario sin fin de los refugiados (*La multitud errante*)...

Sobre la trágica realidad de su país afirma: "En medio de la adversidad, las relaciones humanas se intensifican. Que tus amigos sobrevivan teniendo tantos enterrados es un milagro. Celebrar la vida se convierte en una fiesta. En un lugar donde la vida está tan amenazada, cobra un brillo particular el hecho de bailar, conversar, leer, disfrutar de tus hijos, ver que crecen, que no te los matan antes de que te maten a ti... Lo que los artistas colombianos tenemos por decir hoy es tan elemental como eso, que la vida es mejor que la muerte."

MANUEL PATARROYO, el conocimiento al servicio del bienestar colectivo (COLOMBIA, 1947)

Este investigador, especializado en inmunología e inventor de la única vacuna que actualmente existe contra la malaria, trabajó en la fundación norteamericana Rockefeller, una de las instituciones más prestigiosas del mundo dedicadas al desarrollo de vacunas. Pero optó por volver a su Colombia natal donde creó el Instituto de Inmunología del Hospital San Juan de Dios de Bogotá, donde dirige un equipo que investiga el desarrollo de vacunas sintéticas. Con su trabajo ha demostrado que se pueden llevar a cabo importantes proyectos de investigación en países que no cuentan con las condiciones económicas necesarias. Las multinacionales farmacéuticas intentaron comprar su patente, pero él rechazó la propuesta: "El conocimiento debe servir al bienestar colectivo; no a los intereses privados", dice. Y añade: "Siempre debe primar el interés social, y público, sobre el individual. No creo que siendo el conocimiento universal, alguien tenga que apropiarse de él para su beneficio particular".

Vamos a hablar de nuestros conocimientos de idiomas y a elaborar nuestra biografía lingüística.

Para ello, aprenderemos:
- ✔ a explicar sensaciones y sentimientos,
- ✔ a dar consejos y a sugerir soluciones,
- ✔ a valorar actividades para aprender idiomas,
- ✔ algunos presentes irregulares,
- ✔ el Pretérito Indefinido de verbos regulares e irregulares,
- ✔ el contraste Indefinido / Perfecto,
- ✔ **estar** / **llevar** + Gerundio y **sin** + Infinitivo,
- ✔ el Perfecto y el Indefinido de **estar** + Gerundio,
- ✔ expresiones útiles en el aula,
- ✔ expresiones con preposiciones.

Ciudadanos plurilingües para el siglo XXI

Vivimos una época de cambios rapidísimos que generan nuevas necesidades. Eso es especialmente cierto en el campo de la comunicación: todos tenemos cada vez más relación con personas de otras culturas y, por tanto, más necesidad de aprender idiomas. ¿Quién no tiene un amigo extranjero? ¿Quién no entra en contacto, a lo largo de un día cualquiera, con lenguas distintas a la propia: en la prensa, en la televisión, en Internet, pero también en el tren, en el aeropuerto, en unos grandes almacenes...?

Millones de personas emigran buscando mejores condiciones de vida y tienen que aprender la lengua del país al que llegan. Otras muchas viajan en vacaciones a países de culturas diferentes. En el ámbito laboral, son muchos los que tienen que colaborar con profesionales de otros países. En el mundo de los negocios, la habilidad para comunicarse en otros idiomas se ha convertido en algo imprescindible. Una de las consecuencias es que cada vez hay más personas con dos o más culturas en su origen familiar.

Algunos piensan que este mundo globalizado solo beneficia a la lengua inglesa, que ya se ha convertido en la indiscutible *lingua franca* universal, y que las lenguas minoritarias están condenadas a desaparecer. Otros, en cambio, creen que el español, el árabe y el chino tienen un gran futuro y que el ciudadano del siglo XXI necesita hablar varias lenguas.

Lo cierto es que la diversidad lingüística garantiza la pluralidad cultural y ayuda al buen entendimiento entre pueblos y personas; por eso, la enseñanza, el respeto y la difusión de las lenguas se convierten en asuntos vitales para el futuro de la Humanidad.

gente y **comunicación**

Una serie de personas exponen cuál es su relación con las lenguas extranjeras.

EDURNE ETXEBARRIA ITURMENDI
AMA DE CASA

Yo soy de un pueblo de Guipúzcoa y, en casa de mis padres, siempre hemos hablado euskera. Mi marido es madrileño y ahora, en casa, con él y con los chicos hablamos castellano. Es decir que hablo castellano y euskera.

HUGO RAMOS ETEHADI
GUÍA TURÍSTICO

Mi padre es español y mi madre es iraní, y yo soy bilingüe. Además, por mi trabajo tengo que hablar mucho en inglés.

ALBERTO FERNÁNDEZ HUERTAS
EMPLEADO DE UNA MULTINACIONAL

Como todo el mundo, estudié inglés en el colegio pero, no sé por qué, no aprendí casi nada. Luego durante un tiempo me compré libros, CD y vídeos para estudiar en casa. Tampoco funcionó (soy un poco negado para los idiomas). Pero el año pasado me fui dos meses a Irlanda y ahí sí que aprendí muchísimo. Es que, para mi trabajo, el inglés es imprescindible.

ALBA PÉREZ BLANCO
EMPLEADA DE UNA COMPAÑÍA DE SEGUROS

Mi *hobby* son los idiomas. Me apasionan. Tengo buen nivel de francés, inglés, italiano y portugués y me defiendo en polaco. He estudiado también unos años árabe pero quiero seguir perfeccionándolo. Y este año me gustaría empezar con el japonés. Me fascina conocer otros pueblos y creo que la mejor manera es aprender su lengua.

ELISABETH SILVERSTEIN
PEDIATRA

Yo soy argentina, de origen alemán, y hace años que vivo en España. Es decir que tengo, por así decirlo, dos lenguas maternas. También tengo conocimientos de hebreo. Y, por supuesto, en el terreno profesional, tengo que leer mucho en inglés. La lengua internacional de la ciencia es sin duda el inglés.

MARGARITA ENSENYAT BARCELÓ
ESTUDIANTE Y CAMARERA

Yo, trabajando en un hotel, he aprendido un poco de francés, un poco de alemán e inglés. También estuve unos meses en Holanda y aprendí un poquito el idioma. Y con mi familia hablamos mallorquín, que es una variante del catalán que se habla en Mallorca.

1 La importancia de las lenguas extranjeras

¿Crees que es importante hablar lenguas? ¿Por qué?
Busca en el texto las tres razones más importantes. También puedes formular otras y comentarlas con tus compañeros.

2 Biografía lingüística

Vamos a ver cuántas cosas compartimos con los entrevistados. ¿En qué coincides con ellos? Explícaselo a tus compañeros.

Yo aprendí *inglés trabajando, como Margarita.*
Yo también estudié … pero no aprendí…
Yo también tengo conocimientos de…
Yo también soy bilingüe…
Yo también me defiendo en…
Yo también tengo un buen nivel de..
Yo también, por mi trabajo…
Yo también soy un poco negado para los idiomas…
A mí también me apasiona/n…

3 **¿Cómo se comunica usted?**
La revista *Gente y lenguas* dedica este mes un artículo
al tema de la comunicación.

¿Cómo se comunica usted?

En cualquiera de las situaciones de comunicación en que podemos encontrarnos a lo largo de una jornada, no solo hablamos, sino que recurrimos simultáneamente a una serie de códigos no verbales que acompañan nuestras palabras. Responda a este cuestionario para describir la forma en que usted hace uso de esos códigos.

1.- En una conversación, prefiero ponerme: al lado de mi interlocutor (A), enfrente de él (B), en ángulo recto (C); otras posibilidades (D).

	en el compartimento de un tren	en un ascensor	sentados en una mesa redonda
con alguien jerárquicamente superior (un/a profesor/a, mi jefe/a...)			
con alguien jerárquicamente inferior (un/a niño/a)			
con alguien muy próximo a mí (un/a amigo/a, mi novio/a)			
con alguien lejanamente conocido			

2.- ¿Hace usted estas cosas o experimenta estas sensaciones?

¿Se siente incómodo si le hablan sin mirarle a los ojos? .... Sí ❑ No ❑
¿Se aparta si está tan cerca de su interlocutor que pueden tocarse sin querer?.. Sí ❑ No ❑
¿Suele tocar a su interlocutor en el brazo para reforzar lo que dice?........... Sí ❑ No ❑
¿Gesticula con las manos más que las personas de su entorno? .... Sí ❑ No ❑
¿Cuando habla, es muy expresivo con la cara (abre mucho los ojos, guiña uno de ellos, aprieta la mandíbula y los labios...)? .... Sí ❑ No ❑
¿Cuando le invitan a una fiesta, procura enterarse de cómo se espera que vaya vestido? .... Sí ❑ No ❑
¿Se pone la misma ropa para ir a clase que para ir a una discoteca?........... Sí ❑ No ❑
¿Se cambia de peinado si va a una entrevista de trabajo, a una cita con un/a amigo/a o a una excursión con la pandilla de amigos/as?............. Sí ❑ No ❑
¿Cuando viaja fuera de su país, intenta fijarse en lo que hace la gente (cómo se saludan y se despiden, si hacen gestos o si utilizan expresiones especiales para disculparse, etc.) para saber comportarse adecuadamente?.............. Sí ❑ No ❑

Actividades

A Completa el cuadro con A, B o C según tus preferencias y compara tus respuestas con las de tus compañeros. ¿Hay muchas diferencias entre vosotros?

B Vamos a reflexionar sobre nuestras respuestas. ¿En qué casos creéis que se trata de una opción personal y en cuáles creéis que influyen más las normas y las costumbres sociales?

Cada sociedad sigue sus propias reglas de comunicación no lingüística. De niños aprendemos las reglas de uso del espacio: a qué distancia debemos ponernos de nuestros interlocutores.

Dos personas que están hablando ejecutan una especie de ballet: acompasan posturas, miradas, gestos.

En general, los lectores de una biblioteca prefieren sentarse en diagonal, antes que frente a frente o uno al lado del otro.

Los músculos de la cara pueden realizar más de 20 000 movimientos diferentes. Hay movimientos de cejas que duran solo millonésimas de segundo.

Hay que saber dar las gracias o disculparse; hay que saber también dónde están los límites para no quedarse cortos ni exagerar.

En la conversación solo un 35% del mensaje se transmite mediante palabras.

¿SABÍA USTED QUE...?
El léxico de los colores

- El español posee once palabras básicas para el léxico de los colores: blanco, negro, rojo, verde, amarillo, azul, marrón, morado, rosa, naranja y gris.
- El ruso distingue dos clases de azul (*sinij* y *goluboj*), pero nosotros tenemos que decir azul marino y azul celeste.
- En húngaro hay dos términos para rojo.
- El navajo (hablado por los indios navajos de Norteamérica) no tiene palabras distintas para el azul y el verde; sin embargo, tiene dos términos para negro: uno para el negro de la oscuridad y otro para el negro de objetos como el carbón.
- En japonés, *awo* puede significar verde o azul pálido según el contexto (por ejemplo, vegetales, mar, nubes...).

El valor del silencio

- En España se dice que "quien calla, otorga"; en otras culturas, sin embargo, el silencio es una forma indirecta de rechazo o desaprobación.
- En Europa, no responder a una pregunta puede ser una grave falta de educación.

- Los indios de la reserva de Warm Spring (Oregon, Estados Unidos) pueden elegir entre responder o callarse, entre dar una respuesta inmediata o tardar varios minutos en hacerlo.

El contacto corporal

- El contacto corporal acompaña la comunicación lingüística. Existen muchas formas de contacto, según la intención, la situación y la relación que hay entre los interlocutores: dar la mano, abrazar, besar, dar un codazo, entrelazar los brazos, poner la mano en el hombro, dar una palmada en la mejilla, en la espalda, dar un pequeño puñetazo en el pecho o en la barriga, dar un pellizco en la mejilla, sostener la cabeza del interlocutor entre las manos...

Actividades

A Lee el texto "¿Sabía usted que...?" y coméntalo con tus compañeros.

- ¿En tu país se considera también que "quien calla otorga"?
- ¿Cómo interpretas el hecho de que alguien tarde unos segundos en responder a una pregunta que le haces?
- ¿Es lo mismo si al callarse te mira o desvía la mirada, si al mirarte te dice algo con los ojos o no te dice nada, si mira al techo o mira al suelo?

B Con un compañero que hable tu misma lengua, traducid a esta la lista de los nombres de colores básicos del español. ¿Modificaríais esa lista en vuestra lengua, añadiendo o suprimiendo alguna palabra?

C Con dos compañeros, imaginad una situación en la que alguien recurre a una de las formas de contacto corporal que se mencionan en el texto.

- ¿Quiénes son los interlocutores?
- ¿Dónde están?
- ¿Qué quiere comunicar el que hace uso de ese recurso?

4 Problemas y consejos

 Estas personas estudian idiomas y tienen ciertos problemas. Primero, escucha y toma nota de lo que les pasa. Después, pon una cruz si a ti te pasa lo mismo. Y, finalmente, escribe un consejo para cada uno.

	Le cuesta...	A mí me pasa lo mismo.	Lo que tiene que hacer es...
1. Tomás			
2. Yolanda			
3. Gemma			
4. Fernando			
5. Josu			

Ahora, explícale a tu compañero lo que te pasa a ti y él te dará un consejo.

 ● Yo tengo problemas con el vocabulario.
○ Pues tienes que leer más libros en español.

5 Estuve cinco años estudiando en Italia

En estas frases aparecen dos tiempos diferentes del pasado. Subráyalos y señala si se trata, en cada caso, del Pretérito Perfecto o del Indefinido.

1 ● Estuve saliendo con un chico de Granada.
  ● He estado saliendo con un chico de Granada.

2 ● Me dieron una beca para estudiar en Dinamarca.
  ● Me han dado una beca para estudiar en Dinamarca.

3 ● He vivido muchos años en Italia.
  ● Viví muchos años en Italia.

4 ● Miguel se casó con una chica marroquí y se fue a vivir a Casablanca.
  ● Miguel se ha casado con una chica marroquí y se ha ido a vivir a Casablanca.

5 ● He estado trabajando toda la semana como un loco.
  ● Estuve trabajando toda la semana como un loco.

Las siguientes intervenciones son la continuación de las frases anteriores o la reacción del interlocutor. ¿Para cuál te parece más adecuada cada una? ¿Para la que lleva Pretérito Perfecto o para la que lleva Pretérito Indenido? ¿Por qué?

1 ○ El año pasado, ¿no?
2 ● Me marcho el mes que viene.
3 ● Del 98 al 2001, concretamente.
4 ○ ¿De verdad? Pero si lo vi la semana pasada…
5 ● Últimamente hay mucho trabajo en la oficina.

Ahora prepara cinco frases hablando de ti mismo, de cosas que has hecho (en el trabajo, en los estudios, en tu vida sentimental...) recientemente o hace tiempo.

CONTRASTE PERFECTO / INDEFINIDO

En cualquier enunciado podemos referirnos a dos momentos: el momento en el que se habla y del que se habla.

PERFECTO: los dos momentos se incluyen en una misma fracción del tiempo: **hoy, esta semana, este mes, este año, mi vida aquí, mi vida, la historia de la humanidad...**

INDEFINIDO: los dos se sitúan en fracciones del tiempo separadas: **ayer, la semana pasada, el mes pasado, mi vida antes de venir aquí...**

En este curso he sacado un sobresaliente y dos notables. El sobresaliente lo **saqué** en el examen de **diciembre.**

La división del tiempo en dos fracciones suele ir señalada con adverbios o con otras expresiones: **hoy / ayer, este mes / el mes pasado,** etc. Pero puede darse por supuesta de forma implícita.

Pasé dos trimestres en la universidad de Sevilla.
(La experiencia se sitúa en un pasado ya concluido.)

He estado estudiando dos meses en Sevilla.
(La experiencia se sitúa en un pasado que se vincula al presente.)

SENSACIONES, SENTIMIENTOS Y DIFICULTADES

Noto que...
Veo que...
Me doy cuenta de que...
   ... los demás no me entienden.

Me resulta fácil / difícil / aburrido/...
Me cuesta...
Me canso de...
   ... leer en español.
   ... hacer ejercicios de gramática.

Me da miedo cometer errores.
Me hago un lío con los verbos.
No me acuerdo de las preposiciones.

VALORAR ACTIVIDADES

Estudiar gramática...
Leer...
Trabajar en grupo...
... **para mí es** pesado / útil / aburrido/...
... **me parece** pesado / útil / aburrido/...

La literatura **me parece** aburrida.
El trabajo en grupo **me parece** divertido.

Estos ejercicios **me parecen** muy buenos.
Las audiciones **me parecen** pesadas.

Se me da (bastante) **bien** conducir.

No se me da muy bien hablar idiomas.

Soy un desastre cocinando.
                dibujando.

Soy muy malo jugando al tenis.

CONSEJOS Y SOLUCIONES

Lo que tienes que hacer es hablar.
¿Por qué no intentas hacer frases más cortas?
Intenta hacer frases más cortas.
Procura hacer frases más cortas.

EXPRESIONES ÚTILES EN EL AULA

¿En qué página está eso?
¿En qué ejercicio?
¿En qué párrafo / columna / línea?
¿Qué significa esta palabra / frase?
¿Qué significa "grabar"?
¿Es correcto decir: "Soy soltero"?
¿Cómo has dicho: Valencia o Palencia?
¿Vigo **se escribe con** uve **de** Venecia?
Perdona, no lo he entendido bien.

Por favor,
    ¿puedes repetir eso que has dicho?
    ¿puedes hablar más despacio?
    ¿puedes escribirlo en la pizarra?
    ¿puedes traducir esto?

→ **Consultorio gramatical, páginas 128 a 132.**

6 Aprender

¿Cuáles de estas cosas sabes hacer? ¿Se te dan bien? Coméntalo con varios compañeros.

- bailar
- esquiar
- conducir
- jugar al ajedrez
- nadar
- dibujar
- coser
- cocinar
- tocar un instrumento musical
- hablar un idioma

- ● ¿Vosotros qué tal cocináis?
- ○ A mí no se me da mal. Hago unas paellas bastantes buenas.
- ■ Pues yo soy un desastre cocinando. Siempre pongo demasiada sal.

7 Mis habilidades

Ahora piensa en cómo aprendiste las tres cosas que mejor sabes hacer y explícalo. Puedes usar, entre otras cosas...

Yo aprendí a ... cuando tenía ... años.
A mí, a ..., me enseñó mi ..., cuando era niño / de niño / de mayor / el año pasado /...
Yo, a ..., aprendí solo.

- ● Yo aprendí a ir en bici cuando tenía siete años.
- ○ Pues a mí me enseñó mi padre cuando tenía cinco años, creo.

gente y comunicación

8 Mis lenguas

Piensa un momento en tu relación con las lenguas y completa en tu cuaderno un cuadro como el de Hans Jurt, un joven universitario suizo. Luego, coméntalo con tus compañeros. ¿Tenéis una "biografía lingüística" parecida?

★ ★ ★

El Consejo de Europa propone que cada europeo disponga de un documento personal, su portfolio, en el que se incluirá información sobre las lenguas y las culturas que conoce (destrezas, conocimientos, certificaciones, experiencias vividas, etc.) con el fin de potenciar el plurilingüismo, el respeto a la diversidad y la movilidad dentro de Europa.

¿CON QUÉ LENGUAS TENGO ALGÚN CONTACTO?	ALEMÁN	FRANCÉS	INGLÉS	TURCO	ESPAÑOL
TIPO DE CONTACTO	Es mi lengua materna.	Se habla en mi región y lo he estudiado en el colegio.	Lo estudio y lo uso en Internet. Y también la música que escucho son casi siempre canciones en inglés.	Tengo unos vecinos turcos y a veces les oigo hablar.	Voy muy a menudo de vacaciones a España.
QUÉ SOY CAPAZ DE HACER	Hablar, leer, escribir... Casi todo, creo.	Lo entiendo casi todo pero no lo hablo perfectamente.	Puedo mantener una pequeña conversación sobre un tema fácil y entender textos no muy complicados.	Entiendo algunas palabras, los nombres de ciertas comidas. Y puedo saludar, dar las gracias...	Puedo pedir algo en una tienda, desenvolverme en un restaurante o en la calle...
CÓMO LA HE APRENDIDO	De pequeño, con mis padres.	Lo he estudiado ocho años y oigo constantemente francés a mi alrededor.	En el cole (todavía estudio inglés) y escuchando canciones, viendo películas, con los videojuegos...	Solo sé algunas palabras que me han enseñado mis vecinos.	Una vez hice un curso de dos semanas en Málaga. Y luego en la calle, hablando con españoles.

9 Nuestros planes con el español

Contestad, individualmente, al siguiente cuestionario. Luego, en pequeños grupos, haced una lista de vuestras principales razones para aprender español.

¿POR QUÉ ESTUDIO ESPAÑOL?
(Marca una o varias respuestas)

Me interesan la lengua y la cultura de los países de habla hispana. ☐

Viajo frecuentemente a un país de habla hispana. ☐

Me interesa la literatura hispanoamericana. ☐

Necesito el español en mi trabajo. ☐

Tengo que elegir una lengua extranjera en mis estudios. ☐

Otros motivos: _____

OS SERÁ ÚTIL...

A mí me cuesta mucho hablar / escribir / entender las audiciones...

A mí me parece divertido / aburrido / útil/...

A mí me resulta divertido / aburrido / útil/...

Puede ser útil pero es muy aburrido...

No me parece útil /divertido/...

Yo quiero trabajar aprendiendo poemas de memoria. Lo hicimos en un curso de portugués y...

... me gustó mucho.
... me ayudó mucho para...
... mejoré mucho en...

Ver películas no me parece interesante. Es divertido pero son muy difíciles de entender.

¿PARA QUÉ VOY A USAR EL ESPAÑOL?
(Marca una o varias respuestas)

Para conversar con amigos o familiares. ☐

Para desenvolverme en los viajes. ☐

Para leer periódicos y revistas. ☐

Para leer documentos y textos profesionales. ☐

Para leer literatura. ☐

Para ver películas y programas de TV. ☐

Para visitar páginas en español de Internet. ☐

Para escribir correos electrónicos, cartas
y otros documentos en mi trabajo. ☐

Para escribir a amigos. ☐

Para hacer exámenes. ☐

Para estudiar en un país de habla hispana. ☐

Otros objetivos: _____

¿CUÁL ES MI NIVEL ACTUAL DE ESPAÑOL?
(del 0 al 10, siendo 10 la mejor puntuación)

Hablar ☐

Entender lo que oigo ☐

Escribir ☐

Leer ☐

Gramática ☐

Vocabulario ☐

Pronunciación ☐

 10 **¿Qué queremos hacer en este curso y cómo?**
¿Tienes buenas o malas experiencias aprendiendo lenguas extranjeras?
¿Qué cosas crees que te han sido útiles en las clases de idiomas? Coméntalo
con tus compañeros y anotad las cosas que os parecen más interesantes.

● Yo he aprendido mucho francés leyendo. Leer me parece muy útil.
○ Yo, sobre todo, hablando y haciendo ejercicios de gramática.
■ Pues yo siempre he tenido clases muy aburridas, muy pesadas y no he aprendido nada...

**Ahora, con un pequeño grupo de compañeros seleccionad de la lista siguiente
las actividades que más os gustan o que consideréis más útiles. Pensad en las
experiencias que habéis tenido con otras lenguas.**

– Hablar en español de cosas interesantes.
– Escuchar conversaciones grabadas.
– Repetir en voz alta.
– Escribir redacciones en casa o en clase.
– Hacer juegos para fijar palabras o estructuras.
– Leer textos interesantes de la prensa.
– Aprender listas de palabras.
– Traducir textos.
– Tratar de descubrir reglas de la lengua
  en textos o en ejemplos.
– Leer novelas fáciles.

– Ver las noticias de la tele.
– Ver películas.
– Escenificar situaciones.
– Hablar y grabarnos en vídeo.
– Cantar en español.
– Hacer dictados.
– Leer textos en voz alta delante de la clase.
– Hacer tareas en grupos.
– Reflexionar sobre lo que nos ayuda
  o nos perjudica en el aprendizaje.

**Cada grupo prepara un pequeño resumen de qué cosas queremos hacer en este
curso de español y por qué (según sean nuestras necesidades y preferencias).
Nombrad a un portavoz que lo presentará. Entre todos trataremos de
marcarnos unas metas para este curso.**

● Nosotros proponemos aprender canciones de memoria. Barbara lo hizo y...

La lengua
y las personas

El lenguaje es un fenómeno esencialmente enlazado con la vida. La mayor parte de las cosas que hacemos en la vida, las hacemos a través de la lengua: actuar, negociar, jurar, odiarnos y amarnos. Por la lengua llegamos a ser quienes somos, gracias a ella aprendemos y nos desarrollamos como personas. Con ella nos ocultamos o nos mostramos a los demás. Ella nos identifica y en ella compartimos una cultura y un mundo. Aprendemos a jugar con las palabras y a entender la belleza de decir y de hacer un poema. Por la lengua somos y nos realizamos, luchamos por comunicarnos y creamos discursos que son nuevas realidades que nos envuelven, nos miman y nos atrapan. (J. M. Castellà)

"Responder a una pregunta es contestar a una persona, no a un enunciado." (Edmonson)

11 **¿Cuál de estas tres frases sintetiza mejor el texto de Castellà?**

a) La lengua no se puede reducir a una serie de reglas gramaticales. Es algo más vivo.
b) La lengua sirve para entendernos con los demás, aunque también es causa de muchos malentendidos.
c) Los lingüistas no pueden explicar toda la complejidad del fenómeno de la lengua.

12 ¿Qué te sugieren las palabras "desayuno", "pan" y "vino"?

Escribe las primeras palabras que te vienen a la mente al oír cada una de ellas.

Ahora, escucha a estos españoles y compara lo que les sugieren a ellos con lo que te sugieren a ti.

Como veis, las palabras no son algo aislado que se puede trasladar de una lengua a otra de modo universal; no se puede aprender el léxico fuera del contexto cultural en que se usa.

13 El poder evocador de los sonidos de la lengua

El poeta francés Arthur Rimbaud escribió un poema en el que asociaba las vocales con distintos colores. Intenta establecer tú estas relaciones y mira después si coinciden con las de Rimbaud.

a — rojo

e — blanco — verde — NEGRO

i

o — AMARILLO

u — AZUL — naranja

La respuesta de Rimbaud es: A negro, E blanco, I rojo, O azul, U verde.

Vamos a planificar un fin de semana
en una ciudad española.

Para ello, aprenderemos:

✔ a intercambiar información sobre actividades de ocio,
✔ a acordar actividades y a concertar citas,
✔ a valorar y a describir un espectáculo,
✔ los géneros de cine y de televisión,
✔ a expresar frecuencia y habitualidad: **muchas veces, a menudo**...
✔ a situar acontecimientos: **dónde** y **cuándo**,
✔ a situar a lo largo del día: **por la mañana / tarde / noche/**...,
✔ **quedar** y **quedarse**,
✔ **me apetece/n, me entusiasma/n, me apasiona/n**,
✔ los superlativos (**-ísimo/a/os/as**).

gente que lo pasa bien

Vamos a crear una campaña para la prevención de accidentes o de problemas de salud.

Para ello, aprenderemos:
- ✔ a referirnos a estados físicos y a enfermedades,
- ✔ a advertir de peligros,
- ✔ a dar consejos y recomendaciones,
- ✔ los artículos para referirse a partes del cuerpo,
- ✔ el uso impersonal de **tú**,
- ✔ el Imperativo (formas regulares e irregulares y algunos de sus usos),
- ✔ conectores para contraponer ideas y para expresar causa,
- ✔ los adverbios en -**mente**.

gente **sana**

1 **Consejos para un corazón sano**

Un periódico ha publicado estos consejos para prevenir problemas cardiovasculares. Léelos y decide si estás cuidando bien tu corazón.

¿Qué tal su corazón?

¡Cuídelo!

¿FUMA?
Si fuma, déjelo.
No será fácil. Al 50% de los fumadores les cuesta mucho.
Hay tratamientos que ayudan (chicles, parches, acupuntura...), sin embargo la voluntad es lo más importante.

¿TIENE LA TENSIÓN ALTA?
Si las cifras de tensión son superiores a 140 de máxima y 90 de mínima, visite al médico.
La hipertensión es peligrosa. No causa molestias pero poco a poco va deteriororando las arterias y el corazón. Si le han recetado pastillas, no deje el tratamiento.

¿TIENE EL COLESTEROL ALTO?
Si tiene el colesterol superior a 240 mg/dl, reduzca el consumo de grasas animales y aumente el de frutas y verduras.

¿BEBE ALCOHOL?
Un poco de vino es bueno para el corazón.
Más de dos vasos al día dejan de ser saludables. Y no tome más de cuatro, puede ser peligroso.

¿TIENE EXCESO DE PESO?
Divida su peso en kilos por el cuadrado de su altura.
Si el resultado está entre 25 y 29, debe reducir peso. Si está por encima de 30, debe visitar a un especialista.
Si desea adelgazar, no haga dietas extremas.

Ejemplo: usted mide 1´73 metros y pesa 78 kilos.
Operaciones:
1. El cuadrado de su altura: 1´73 x 1´73 = 3.
2. El peso dividido entre el cuadrado de su altura: 78 : 3 = 26.
   Conclusión: Debe usted reducir peso.

¿HACE EJERCICIO?
Dé un paseo diario de 45 minutos: es el mejor ejercicio a partir de una cierta edad.
Tenga cuidado con los deportes violentos: pueden tener efectos negativos para su corazón.

¿TIENE ALGÚN RIESGO COMBINADO?
Si tiene varios de los factores de riesgo anteriores, vigile mucho más.

UN FUMADOR DE 40 AÑOS QUE DEJA DE FUMAR GANA CINCO AÑOS DE VIDA CON RESPECTO A OTRO QUE SIGUE FUMANDO.
A LOS DOS AÑOS DE DEJARLO, SU CORAZÓN ES COMO EL DE UN NO FUMADOR.

☐ Cuido bien mi corazón. ☐ Tengo que cuidarme un poco más. ☐ ¡Tengo que cambiar urgentemente de vida!

Ahora pregúntale a tu compañero y decide si cuida bien su corazón.
¿Qué tiene que hacer para cuidarse más? Dale algún consejo.

gente sana

2 Unas vacaciones tranquilas

La compañía aseguradora GENSEGUR ha elaborado esta campaña informativa para evitar los problemas típicos del verano a sus asegurados.

ASEGÚRESE UN VERANO TRANQUILO

El verano es una época para disfrutar. Pero esas vacaciones que todos esperamos traen también, a veces, enfermedades y problemas muy molestos. Hemos elaborado una serie de consejos para evitar problemas de salud frecuentes en esta época del año. Si sufre alguno de estos problemas durante sus vacaciones, recuerde que el SERVICIO MÉDICO TELEFÓNICO de GENSEGUR está a su disposición las 24 horas del día.
Tel.: 902 677 777

✚ Gensegur

Actividades

A Antes de leer los textos, piensa:
- ¿Qué problemas de salud podéis tener en vacaciones? Haced entre todos una lista.
- ¿Qué hay que hacer para evitarlos o para combatirlos?

B Después de leer los textos, podrás terminar estos consejos.

Si tomas el sol, *ponte una gorra y usa cremas.*
Si comes en un restaurante en verano, ...
Si te pica una garrapata, ...
Si tienes diarrea, ...
Si, después de una picadura, tienes vómitos, ...

C ¿Has tenido en vacaciones alguno de estos problemas? ¿Cómo fue? Cuéntalo a tus compañeros. ¿Dónde estabas? ¿Qué te pasó? ¿Con quién estabas?

● Yo una vez en la costa me comí unas ostras y me sentaron mal...

D **Escucha la grabación y completa el cuadro.**

¿Qué le pasa?	¿Por qué le ha pasado?	¿Qué tiene que hacer?
1		
2		
3		

LESIONES PROVOCADAS POR EL SOL

Tomar el sol moderadamente es beneficioso: el sol proporciona vitamina D. Sin embargo, si se toma en exceso, se puede convertir en un peligro.

¿QUÉ HACER?

QUEMADURAS

Para calmar el dolor es conveniente aplicar agua fría, usar una loción hidratante sin grasa y no poner nada en contacto con la piel durante unas horas.

INSOLACIÓN

Si es ligera, lo mejor es aplicar paños húmedos por el cuerpo y la cabeza, beba tres o cuatro vasos de agua salada (una cucharadita de sal en un litro de agua), uno cada cuarto de hora y procure descansar en un lugar fresco.
Si es grave, debe llamar al médico. A un paciente que está inconsciente, no se le debe dar nada de beber, hay que refrescarlo con paños húmedos y trasladarlo al hospital.

Para prevenir quemaduras es aconsejable utilizar cremas con filtros solares. Aun sin llegar a producir quemaduras, el exceso de calor solar también es peligroso. Un exceso de rayos solares puede producir insolación. Ponernos una gorra o buscar zonas de sombra, especialmente en las horas del mediodía, puede evitarnos un buen susto.

INFECCIONES ALIMENTARIAS

El calor hace proliferar frecuentemente gérmenes en algunos alimentos, lo que puede provocar diarreas, vómitos y fiebre. No tome alimentos con huevo crudo o poco hecho. Controle también las fechas de caducidad de las conservas.

Las intoxicaciones más comunes son las producidas por:
- la salmonella (se encuentra en aves, huevos y carne de vacuno)
- el estafilococo aureus (en aves, carne, jamón y repostería)
- la shigella (en ensaladas y frutas crudas)
- el clostridium botulinum (en carne ahumada, conservas y miel).

¿QUÉ HACER?

Tras una intoxicación de este tipo, haga dieta absoluta el primer día. Tome únicamente limonada alcalina (1litro de agua hervida, 3 limones exprimidos, una pizca de sal, una pizca de bicarbonato y 3 cucharadas soperas de azúcar).
El segundo día puede tomar ciertos alimentos en pequeñas cantidades: arroz hervido, yogur, plátano, manzana dulce, zanahoria, etc.

PICADURAS

En verano son frecuentes las picaduras. Aquí tiene algunas informaciones sobre las más comunes: qué síntomas producen y cuál es su tratamiento.

DE ABEJA Y AVISPA

Las más graves son las picaduras que provocan reacciones alérgicas y las masivas. Es especialmente peligroso si el insecto pica en la cabeza. Los síntomas más frecuentes son inflamación, dolor y escozor. En algunos casos pueden aparecer diarreas, vómitos, dificultad al tragar, convulsiones, etc. En estos casos, hay que llevar al paciente al servicio de urgencias más próximo.

DE ARAÑA

El lugar de la picadura se enrojece y produce bastante dolor. Puede ponerse una pomada en la zona afectada.

DE ESCORPIÓN

Las picaduras de escorpión pueden ser mortales. Causan dolor intenso, inflamación y quemazón. El paciente suda, tiene náuseas y padece dolor muscular y abdominal. Conviene aplicar un torniquete en la zona afectada y trasladar inmediatamente al paciente a un hospital.

DE GARRAPATA

La picadura no duele pero puede transmitir enfermedades. Es aconsejable extraer la garrapata (la gasolina es muy útil ya que actúa como lubricante) y consultar a un médico.

3 **¿Te ha picado alguna medusa?**
¿Qué crees que hay que hacer? ¿Qué crees que no se debe hacer? Trabaja con un compañero.

Hay que...	No se debe...
Sacar a la persona del agua.	Dejar los restos de la medusa en la piel.

gente sana

4 La historia clínica

Juan José Morales Ramos ha tenido que ir a urgencias porque se ha caído. La enfermera ha rellenado esta ficha. Léela y hazle preguntas a un compañero para completar una ficha similar con sus datos. Si lo preferís, podéis inventaros la información.

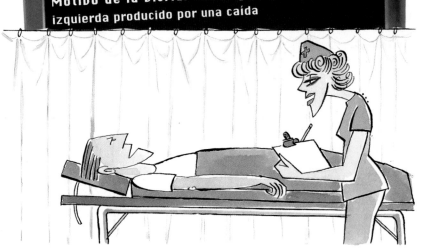

Nombre: Juan José **Apellidos:** Morales Ramos
Nº Seguridad social: 456666231
Edad: 31 años **Peso:** 85 kilos **Estatura:** 1´81
Grupo sanguíneo: A +
Enfermedades: meningitis, hepatitis
Operaciones: apendicitis, menisco
Alergias: ninguna
Observaciones: paciente hipertenso, fumador
Medicación actual: cápsulas contra la hipertensión
Motivo de la visita: dolor agudo en la rodilla izquierda producido por una caída

¿Y a ti, te han operado alguna vez? ¿De qué?

5 Cuando tienes conjuntivitis...

¿Conoces estas enfermedades? Elige una que conozcas y describe los síntomas: lo que hay que hacer y lo que no se debe hacer. Tus compañeros tratarán de adivinar cuál es. Aquí tienes algunas.

la conjuntivitis
la anemia
el lumbago   el asma
la bronquitis   la gripe
la tortícolis   la diabetes
la migraña   la otitis
la gastritis

● Te duelen los ojos. No se debe tomar el sol, ni ver la tele...
Y hay que lavarse los ojos con una infusión de manzanilla...
○ ¡La conjuntivitis!

ESTADO FÍSICO Y SALUD

¿Cuánto pesa/s?
¿Cuánto mide/s?
¿Cuál es su/tu grupo sanguíneo?
¿Es/eres alérgico a algo?
¿Ha/s tenido alguna enfermedad grave?
¿Lo/la/te han operado alguna vez?
¿De qué lo/la/te han operado?
¿Toma/s algún medicamento?
¿Qué le/te pasa?

Lo han operado del riñón.

(No) me encuentro bien.
(No) me siento bien.
Estoy cansado / enfermo / mareado / resfriado / afónico/...

Me/te/le duele la cabeza.
　　　　　　　　el estómago.
　　　　　　　　una muela.
　　　　　　　　aquí.

Me/te/le duelen los pies.
　　　　　　　　　las manos.

Tengo dolor de muelas.
　　　　　　　cabeza.
　　　　　　　barriga.

Tengo un resfriado.
　　　　una indigestión.
　　　　la gripe.
　　　　diarrea / paperas / anginas/...

Tomo unas pastillas para el insomnio.
Tomo un jarabe para la tos.

Me pongo...
... **unas inyecciones para** la anemia.
... **unas gotas para** el oído.

TÚ IMPERSONAL

Si **comes** demasiado, **engordas.**
Cuando **tienes** la gripe, **te sientes** fatal. (= cualquier persona, todo el mundo)

IMPERATIVO

Formas regulares
TOMAR
tú   toma no tomes
usted tome no tome

BEBER   VIVIR
tú   bebe no bebas   vive no vivas
usted beba no beba   viva no viva

Formas irregulares
HACER   IR
tú   haz no hagas   ve no vayas
usted haga no haga   vaya no vaya

RECOMENDACIONES Y ADVERTENCIAS

Si tienes la tensión alta...
    ... no tomes sal.
    ... no debes tomar sal.
Cuando se tiene la tensión alta...
    ... no hay que tomar sal.
    ... no es conveniente tomar sal.
    ... conviene tomar poca sal.

No tome mucha sal.

¡No te pongas tanta sal!

No tomes tanto el sol, te **puedes** quemar.
Ponte una bufanda, **puedes** resfriarte.
Podéis tomar unas hierbas. Os sentarán bien.
Algunos deportes **pueden** ser peligrosos para el corazón.

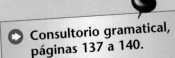
▶ **Consultorio gramatical, páginas 137 a 140.**

6 Problemas de salud

Imagina que tienes un problema de salud. Prepara la lista de los síntomas y explícaselos al resto de la clase. Tus compañeros serán los médicos: te harán un diagnóstico y te darán algunas recomendaciones. Recuerda que puedes utilizar las formas **deber** + Infinitivo y el Imperativo.

 Síntomas:
– Me entra calor de repente y me mareo mucho.
  Me duelen las piernas...
– ...

 ○ ¡Tiene la tensión baja! Tiene que beber mucho líquido.
■ Y si se marea, tome un refresco y cómase un bocadillo de jamón, que tiene sal.

7 A dieta

 Estas amigas comentan diversas dietas para adelgazar. ¿En qué consisten? ¿Cuál te parece mejor? ¿Por qué?

	SE PUEDE	NO SE PUEDE	PROBLEMAS
dieta de las disociaciones			
dieta del "sirop"			
dieta del astronauta			

¿Y tú? ¿Haces o has hecho dieta alguna vez para adelgazar? Cuéntasela a tus compañeros.

– Hay que...
– No se debe...
– Sin embargo, se puede...

gente sana

8 Más vale prevenir que curar

En pequeños grupos, vamos a diseñar una campaña de prevención de accidentes o de algún problema de salud. Aquí tienes varios temas. ¿Sobre cuál quieres trabajar? Puedes sugerir otros. Después, busca a compañeros que se interesen por el mismo tema para formar un grupo de trabajo con ellos.

el buen uso de los medicamentos
higiene dental
trastornos alimentarios
(obesidad, anorexia...)
accidentes de tráfico
problemas de espalda
el tabaco
otras drogas
vida sedentaria

9 Nuestra campaña

Aquí tenéis un fragmento de un folleto que os puede dar ideas para diseñar vuestra campaña. También podéis inspiraros en los fragmentos de programas de salud emitidos por RADIOGENTE.

¿Usted también tiene dolor de espalda? Cambie su manera de ser y de estar

El dolor de espalda es, en la actualidad, una epidemia mundial. Después del dolor de cabeza, es la molestia física más común y más difícil de tratar.
Algunos especialistas afirman que la culpa la tiene el pésimo estilo de vida que llevamos: nos pasamos la mitad del día sentados, llevamos pantalones demasiado ajustados que comprimen nuestra pelvis, nos ponemos tacones altos que curvan hacia adelante nuestra columna, y no cuidamos nuestra postura en el trabajo, donde solemos pasar muchas horas diarias.
El sobrepeso y el estrés emocional son también muy nocivos para la columna, ya que muchas personas somatizan las tensiones en la espalda.

10 **Diseñamos el folleto**

Preparación del material de vuestra campaña.

– Primero, tenéis que hacer una lista con el vocabulario que creéis que vais a necesitar para vuestra campaña (podéis consultar el diccionario y a vuestro profesor).

– También podéis buscar imágenes para vuestro folleto.

Descripción del problema y recomendaciones para combatirlo.

– Debéis escribir una pequeña introducción de la campaña con la descripción del problema, sus causas y sus consecuencias principales.

– Tenéis que recopilar una serie de recomendaciones (qué hay que hacer y qué no se debe hacer) para combatirlo o evitarlo.

– Pensad también en un eslogan para la campaña.

Presentación de la campaña.

– Podéis presentar oralmente vuestro folleto al resto de los compañeros como si se tratara de una campaña radiofónica.

– También podéis exponerlo en forma de póster.

– Por último, entre todos, decidiremos cuál es la campaña más convincente.

El ajo, remedio mágico

Cada cultura tiende a atribuir propiedades mágicas a los productos que consume. Es el caso del ajo, tan importante en las cocinas de España y de América Latina.

Un diente de ajo al día ya formaba parte de la dieta de los esclavos egipcios que construyeron la gran pirámide de Keops. Viajó en los barcos fenicios, cartagineses y vikingos y se convirtió en remedio para innumerables males: para alejar vampiros, para aumentar la virilidad o para eliminar las pecas. Unas veces ha sido talismán contra la muerte y otras, simple condimento.

En nuestros días, bioquímicos norteamericanos han confirmado científicamente creencias ancestrales. La alicina, el componente más activo del ajo, es un potente antibiótico y fungicida. El ajo reduce el colesterol y es un revitalizador general. Es también un relajante del corazón, antireumático, diurético y digestivo. Limpia el aparato digestivo de parásitos, previene gripes y resfriados y tonifica la libido. Se puede afirmar, pues, que el consumo diario de ajo fresco protege contra muchas enfermedades y combate la bajada de defensas.

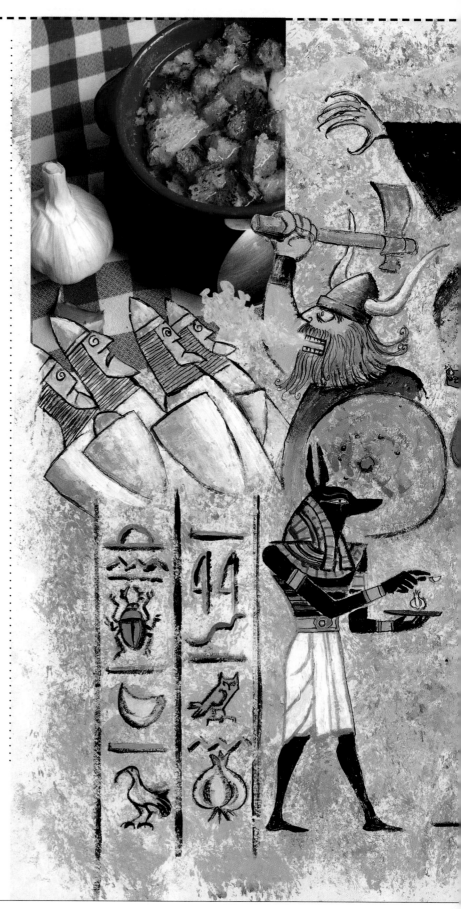

11 ¿Conoces tú algún remedio casero? Coméntalo con tus compañeros.

– para el insomnio...
– para las náuseas...
– para la tos...
– para las agujetas...
– para el dolor de cabeza...
– para el estreñimiento...
– para la resaca...
– para otros problemas.

- Si has bebido demasiado, puedes tomar café con sal y...
- Y oler amoniaco, también va bien.

12 Este es un fragmento de un artículo de una revista que se publica en España. ¿Pasa lo mismo en tu país? ¿Qué crees que hay que hacer para llevar una dieta sana?

A nuevos gustos, nuevos hábitos

Las actuales costumbres y los gustos estéticos (todos queremos estar delgados y todos vamos con prisas) han provocado la caída en picado del consumo del pan, la pasta y las patatas. En los últimos treinta años, el consumo de estos productos se ha reducido a la mitad. La energía aportada por dichos hidratos se ha sustituido por otra que proviene de proteínas animales, cuyas grasas se acumulan estratégicamente en las zonas menos deseables y son más difíciles de eliminar. El doctor Miguel Ángel Rubio, de la unidad de Nutrición Clínica del Hospital Universitario San Carlos de Madrid, insiste en que "los cambios experimentados en la dieta de los españoles se

Los actuales gustos estéticos de los españoles hacen disminuir el tradicional consumo de pan, pasta y patatas

traducen en una disminución del pan, las legumbres, las pastas, el arroz, las verduras, el aceite de oliva y el vino, aumentando los derivados lácteos, las carnes, los embutidos, las galletas, los bollos y otras grasas no deseables, como los aceites de coco y de palma. Esto conduce a una mayor incidencia del colesterol y las grasas saturadas y a la disminución de la fibra, los antioxidantes y los carbohidratos". Es decir, después de exportar las bondades de la dieta mediterránea a medio mundo, los españoles adoptan los malos hábitos practicados en otros países, como la indiscriminada ingestión de grasas saturadas con la "comida rápida".

Vamos a diseñar un conjunto de "viviendas inteligentes" que hagan más fácil la vida cotidiana.

Para ello, aprenderemos:
- ✔ a describir las características de objetos que conocemos o que buscamos,
- ✔ a referirnos a formas, a materiales, a partes y a usos de los objetos,
- ✔ a expresar impersonalidad con **se**,
- ✔ el Presente de Subjuntivo de los verbos regulares y de los irregulares más frecuentes,
- ✔ el contraste entre Indicativo y Subjuntivo en frases relativas,
- ✔ las frases relativas con preposición,
- ✔ usos de los pronombres átonos de OD y de OI.

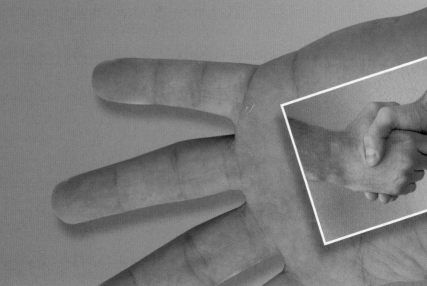

gente y **cosas**

1 **¿Con la derecha o con la izquierda?**
Rellena esta encuesta: marca tus respuestas en la primera columna.

ENCUESTA	YO			MI COMPAÑERO		
¿Con qué mano haces estas cosas? (D=derecha, I=izquierda, DI=ambas)	D	I	DI	D	I	DI
Abrir una puerta con llave.						
Tomar notas.						
Pelar patatas.						
Estrechar la mano al saludar.						
Peinarte.						
Dibujar.						
Cepillarte los dientes.						
Hacer un esquema o un croquis.						
Decir adiós desde lejos.						
Decir no.						
Señalar cosas.						
Cortar con tijeras.						
Lanzar una pelota.						
¿Qué pie pones primero en el suelo...						
... al subir una escalera?						
... al bajar del coche?						
... al bajar de la bici?						
... al levantarte de la cama?						
Otras acciones que siempre haces de la misma forma:						
¿Qué ojo cierras para sacar una foto o mirar por la cámara de vídeo?						
¿De qué lado duermes mejor, del derecho o del izquierdo?						
¿Hacia qué lado giras primero la cabeza para decir no?						
OTRAS COSAS...						

Hazle ahora la encuesta a tu compañero y marca sus respuestas en la segunda columna para saber si es zurdo, diestro o ambidiestro.

● ¿Con qué mano dibujas?
○ Con cualquiera de las dos.

2 **Hablar con las manos**
Hay cosas que podemos decir con las manos. Piensa cómo haces tú estas cosas y coméntalo con tu compañero. Ten en cuenta que cada cultura puede tener gestos iguales o distintos. Luego, tu profesor te explicará cuál es el gesto más habitual en España o en Latinoamérica.

– Expresar que alguien se marcha.
– Decir basta.
– Pedir que alguien se acerque.
– Pedir silencio.
– Pedir perdón.
– Decir que alguien está loco.

– Decir "yo".
– Decir que llamarás a alguien por teléfono.
– Expresar que te has olvidado de algo.
– Indicar que uno tiene frío.
– Pedir la cuenta en un bar / restaurante/...

gente y cosas

❸ Inventos para todos

Estos inventos han cambiado nuestras vidas, ¿no crees?

LA CREMALLERA (1912)

Desde que hay cremalleras, todo cierra mejor y más deprisa: bolsos, anoraks, pantalones... Pero si hay que cambiarla porque se ha estropeado, siempre resulta más fácil el botón tradicional. En los últimos años le han salido competidores: el velcro, los botones de clip... Pero, por el momento, parece que tiene asegurada su supervivencia.

EL BOLÍGRAFO (1940)

Conocido en Argentina como "la birome", por el nombre de su inventor, el señor Biro, fue patentado y popularizado por el señor Bic. El bolígrafo convirtió la pluma estilográfica en objeto elegante y de lujo, pero al mismo tiempo la hizo desaparecer de los lugares en los que la gente escribe habitualmente. Pero su futuro está amenazado por los ordenadores, las agendas electrónicas y otros inventos del mundo de la electrónica que están cambiando los instrumentos y los hábitos de escritura de la gente.

LA LAVADORA (1901)

La primera lavadora eléctrica apareció gracias a Alva Fisher. Su uso se popularizó cuando la electricidad llegó a todos los hogares. Desde la máquina de Alva –un tambor lleno de agua y jabones, con un motor que lo hacía girar– hasta el presente, las lavadoras han evolucionado muchísimo: dejan la ropa lavada y seca, pueden programarse para que se pongan en funcionamiento a una determinada hora, reducen el consumo de electricidad...

EL ORDENADOR (1946)

En 1946 se terminaba la construcción del ENIAC, el primer ordenador electrónico de la historia. Era capaz de realizar en un segundo 5000 sumas y 300 multiplicaciones. A partir de ese momento, la evolución de las calculadoras electrónicas adquirió un ritmo cada vez más acelerado. Un ordenador actual es siete millones de veces más rápido que el ENIAC.

EL TELÉFONO MÓVIL (1983)

El concepto de una red de radio celular surgió en 1947 en los laboratorios Bell, pero hasta 1983 no se fabricaron los primeros equipos. La evolución de estos aparatos de uso personal y su generalización en el mercado han sido fulgurantes. Los actuales aparatos sirven para muchas más cosas que para hablar y sus prestaciones futuras son inimaginables.

LA CÁMARA DIGITAL

Fue en la campaña navideña de 2003 cuando su comercialización entre el gran público se generalizó. Grandes empresas de fotografía adoptaron la decisión radical de abandonar la fabricación de las antiguas cámaras analógicas y producir únicamente cámaras digitales. Los usuarios se dieron cuenta rápidamente de las ventajas que ofrecen estas cámaras.

EL MICROONDAS (19_ _)

EL DVD (19_ _)

INTERNET (19_ _)

Actividades

A **Con tus compañeros, elige dos de los inventos de esta página y haz las correspondientes actividades.**

LA CREMALLERA
- Lista de objetos que llevan cremallera y otros que podrían llevarla. Otros sistemas de cierre, cuáles preferís y por qué.

EL BOLÍGRAFO
- ¿Cuándo resulta imprescindible? ¿Creéis que desaparecerá? ¿Por qué?

LA LAVADORA
- Tenéis una camisa sucia y no hay lavadora ni electricidad. Os dejamos usar agua corriente. Enumerad todas las acciones que tenéis que realizar y todos los pasos que debéis dar hasta que la tengáis limpia y seca.

EL ORDENADOR
- Lista de cosas distintas que habéis hecho o habéis visto hacer en la última semana con un ordenador.

EL TELÉFONO MÓVIL
- Tres situaciones en las que el móvil os ha resultado imprescindible.

LA CÁMARA DIGITAL
- Ventajas y desventajas de las cámaras analógicas y de las digitales.

B **¿Y el microondas, el DVD e Internet? ¿En qué han cambiado la vida del hombre? Escribe los textos correspondientes.**

4 **Zurdos y diestros**

¿Problemas para abrir una lata?

Un 10% de las personas tiene dificultades para usar un abrelatas o un sacacorchos, abrir el grifo de la ducha, tocar el violín, manejar el ratón de un ordenador o simplemente servir la sopa sin tirarla fuera del plato. Son los zurdos.

Actualmente sabemos que ser diestro o zurdo es un hecho natural, que depende de la especialización de los dos hemisferios del cerebro. Pero no siempre ha sido así; hasta fechas recientes, en España (y en otros muchos países) se consideraba bueno ser diestro y malo ser zurdo. Esta discriminación se refleja en el lenguaje: diestro significa hábil; siniestro, malvado.

Por eso, los padres y los maestros obligaban a los niños a usar la derecha: todo el mundo tenía que ser diestro. Ahora esto no ocurre y, sin embargo, la mayor parte de los aspectos prácticos de la vida aún están pensados solo para los diestros.

Pero no todo son inconvenientes: por ejemplo, está comprobado que un tenista o un boxeador zurdos son más hábiles que sus rivales diestros; el zurdo está acostumbrado a enfrentarse a los diestros y conoce bien su comportamiento, cosa que no sucede a la inversa. También se dice que los zurdos tienen más capacidad creativa, debido al comportamiento de sus hemisferios cerebrales.

ZURDOS CÉLEBRES

Pablo R. Picasso, Charles Chaplin, Marilyn Monroe, Robert Redford, Albert Einstein, Harpo Marx, Napoleón Bonaparte, Leonardo da Vinci, Martina Navratilova, Diego A. Maradona, Woody Allen, M. Gandhi, Carlos de Inglaterra.

(Información obtenida de *El País*)

5 Bingo: objetos conocidos

Jugaremos al bingo en grupos de cuatro. Cada uno rellena su cartón y uno es el director del juego, que se encarga de ir describiendo los objetos (de qué están hechos, qué forma tienen...), pero sin decir el nombre. Gana el que marca antes todas las casillas de su tarjeta.

> Escribe los nombres de seis de estos objetos. Hazlo con lápiz para poder repetir el juego.

● De plástico, redondo y sirve para escuchar música.

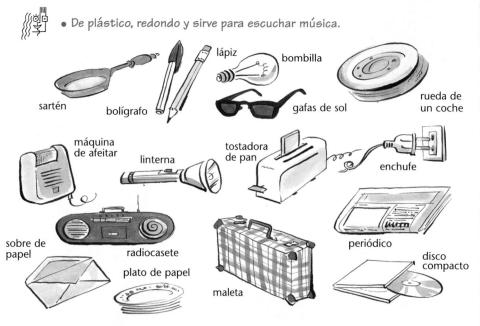

sartén · bolígrafo · lápiz · bombilla · gafas de sol · rueda de un coche · máquina de afeitar · linterna · tostadora de pan · enchufe · sobre de papel · radiocasete · plato de papel · maleta · periódico · disco compacto

Repetimos el bingo cuatro veces, hasta que todos los miembros del grupo han actuado de directores.

6 Inventos prácticos, divertidos o imposibles

Relaciona las dos columnas con flechas e invéntate las que faltan. ¿Cuáles de estas cosas crees que son necesarias?

Una máquina
Un coche
Una moto
Un periódico
Un libro
Un calendario
Un reloj
Un perro
Un ordenador
Unas gafas
Un...

que no tenga lunes.
que no ocupe más espacio que un libro.
que vaya solo a hacer pis.
que tenga más horas por la noche.
que no haga ruido.
que responda a las órdenes de la voz humana.
que no pueda superar los 100 Km/hora.
que pase las páginas solo.
que...
que...
que...

● Yo creo que es necesario un coche que no pueda superar los 100 Km/hora.

CUALIDADES Y REQUISITOS

Tengo un coche...
　　... **pequeño.**
　　... **con** un maletero grande.
　　... **que consume** muy poco.
Busco un coche...
　　... **pequeño.**
　　... **con** un maletero grande.
　　... **que consuma** muy poco.

Formas.
Es **alto/a** 　　 bajo/a
　　largo/a 　　 redondo/a
　　cuadrado/a 　 plano/a

Material.
una lámpara **de** 　tela
　　　　　　　　plástico
　　　　　　　　madera
　　　　　　　　cristal
　　　　　　　　papel
　　　　　　　　metal

Partes y componentes.
una bolsa **con** dos asas
(= **que tiene** dos asas)
una sartén **con** mango largo
(= **que tiene** mango largo)

Utilidad.
Sirve para cocinar.
Se usa para escribir.
Lo usan los cocineros.

Funcionamiento.
Se enchufa a la corriente.
Se abre solo/a.
Va con pilas.
Funciona con gasolina.
　　　　　　energía solar.

Propiedades.
Se puede / No se puede...
　　... comer.
　　... romper.
　　... utilizar para cocinar.

PRESENTE DE SUBJUNTIVO

Verbos regulares

HABLAR	COMER	VIVIR
habl**e**	com**a**	viv**a**
habl**es**	com**as**	viv**as**
habl**e**	com**a**	viv**a**
habl**emos**	com**amos**	viv**amos**
habl**éis**	com**áis**	viv**áis**
habl**en**	com**an**	viv**an**

Verbos irregulares

SER	IR	PODER
sea	vaya	pueda
seas	vayas	puedas
sea	vaya	pueda
seamos	vayamos	podamos
seáis	vayáis	podáis
sean	vayan	puedan

HABER	hay-	TENER	teng-
PONER	pong-	DECIR	dig-
HACER	hag-	SALIR	salg-
VENIR	veng-	SABER	sep-

LO/LA/LOS/LAS

● Ana siempre lleva **el reloj** en la derecha.
○ Pues hoy **lo** lleva en la izquierda.

¿Verdad que el reloj lo lleva en la derecha?

SE: IMPERSONALIDAD

Lo hace todo el mundo, o no importa quién lo hace.
Se dice que...   **Se** usa para...

Procesos que suceden sin que intervengan las personas.
Hay unas puertas que **se** abren y **se** cierran solas.
Esta planta **se** ha secado.
Los vasos de cristal **se** rompen.

SE ME/TE/...: INVOLUNTARIEDAD

Se me ha caído al suelo y **se me** ha roto. (= Lo he tirado al suelo sin querer y lo he roto.)

● Huele mal, ¿**se te** ha quemado algo?
○ No, **se me** ha estropeado la cafetera.

➡ **Consultorio gramatical, páginas 141 a 143.**

---

7 **¿Las usas en casa?**

Piensa en tres objetos que usas a menudo o que son importantes para ti. Un compañero te hará preguntas para averiguar qué son. Debes decirle si el nombre del objeto es masculino o femenino, singular o plural. Primero, escucha cómo lo hacen estos españoles.

● El primer objeto: femenino, plural...
○ ¿Las usas en casa?
● No, en casa, no...

8 **Las compras de Alejandro**

Alejandro ha dado la vuelta al mundo y ha ido comprando recuerdos en diferentes países. Con un compañero, haced una lista de los países que creéis que ha visitado y decidid dónde ha comprado cada objeto.

● El gato lo ha comprado en Egipto.
○ Sí, claro y las alfombras seguramente las ha comprado en...

gente y cosas

❾ La casa de los García

¿Qué cosas podrían mejorarse en las viviendas para hacernos la vida más fácil? Mira la imagen y, con un compañero, haz una lista de los pequeños problemas domésticos que tienen los García. Puedes utilizar los verbos que tienes a continuación. ¿Qué otros problemas tiene la mayoría de gente en su vida cotidiana?

 ● Los grifos muchas veces se estropean...

Verbos
estropearse
fundirse
terminarse
romperse
caerse
mojarse
averiarse
no funcionar
secarse
atascarse
quemarse
chorrear
gotear
...

⑩ La domótica, o el hogar del futuro

Esta es la página web de una empresa que construye "viviendas inteligentes". Rellena su cuestionario. ¿Crees que hay soluciones en la domótica para los problemas de los García y los de vuestra lista?

¿Existen ya las viviendas inteligentes?

El futuro ya está aquí.

La domótica tiene como objetivo poner las nuevas tecnologías al servicio del confort, de la seguridad, del ahorro energético y de la comunicación.

www.casainteligente.es
Principal | ¿Quiénes somos? | ¿Qué es la domótica? | Servicios | Proyectos | Delegaciones

---

¿TIENE USTED UNA CASA INTELIGENTE? ¿LE GUSTARÍA? RESPONDA A ESTE PEQUEÑO CUESTIONARIO.

SEGURIDAD Y PREVENCIÓN DE RIESGOS

¿Puede usted vigilar a su familia a cualquier hora desde cualquier lugar? . . . . Sí ☐ No ☐

Cuando usted no está en casa, ¿se encienden y se apagan las luces y los electrodomésticos para hacer creer que hay alguien en casa? . . . . Sí ☐ No ☐

¿La llave de paso del agua o del gas se cierran automáticamente en caso de escape? . . . . Sí ☐ No ☐

¿Tiene alarma de humos o de fuego? . . . . Sí ☐ No ☐

¿Se desconectan de la corriente sus enchufes cuando hay niños solos en casa? . . . . Sí ☐ No ☐

COMODIDAD Y AHORRO DE ENERGÍA

¿Se encienden y se apagan las luces de su casa cuando va de una habitación a otra? . Sí ☐ No ☐

¿Se abren y se cierran las puertas a su paso? . . . . Sí ☐ No ☐

¿La temperatura de sus habitaciones puede regularse de forma independiente? . . . . . Sí ☐ No ☐

¿Sus toldos y sus persianas se abren y se cierran en función de la luz solar? . . . . . . Sí ☐ No ☐

¿Y las luces de su jardín? . . . . Sí ☐ No ☐

¿El sistema de riego de su jardín se adapta a las condiciones climáticas? . . . . Sí ☐ No ☐

TELEGESTIÓN

¿Puede dar órdenes a sus electrodomésticos por teléfono? . . . . Sí ☐ No ☐

¿Puede encender la calefacción o la refrigeración desde el trabajo? . . . . Sí ☐ No ☐

¿Puede saber si alguien entra en su casa mientras usted está de vacaciones? . . . . . Sí ☐ No ☐

¿Al detectarse fuego o una fuga de gas o de agua, hay algún mecanismo que lo comunique directamente a los bomberos o a un servicio técnico? . . . . Sí ☐ No ☐

¿Se ocupa su nevera de la telecompra? . . . . Sí ☐ No ☐

OCIO Y COMUNICACIÓN

¿Tiene monitores planos de televisión en cada habitación? . . . . Sí ☐ No ☐

¿Puede conectarse a Internet desde cualquier punto de la casa? . . . . Sí ☐ No ☐

[Enviar]

OS SERÁ ÚTIL...

Es una máquina para...
Es una herramienta que sirve para...
Es un aparato con el que se puede...

Nuestra casa...
   ... tiene un sistema con el que puedes...
   ... tiene unos aparatos que sirven para...
   ... funciona con...

¿Y cómo funciona?

Con energía solar.

⑪ Un barrio de ensueño

Sois un equipo de técnicos que deben idear una urbanización "domótica". Las viviendas deben ser lo más cómodas y ecológicas posibles, pero no muy caras. Solo pueden tener diez características de las posibilidades que ofrecen estas nuevas tecnologías. ¿Cuáles elegís? Podéis inventar otros servicios o prestaciones que faciliten la vida diaria. Presentad vuestro proyecto al resto de la clase.

1

GREGUERÍAS
Y POEMAS-OBJETO

Las "greguerías" las inventó el escritor español Ramón Gómez de la Serna. Con ellas habla de distintas cosas conjugando el humor, la fantasía y la poesía. Por ejemplo: "A la luna solo le falta tener marco."

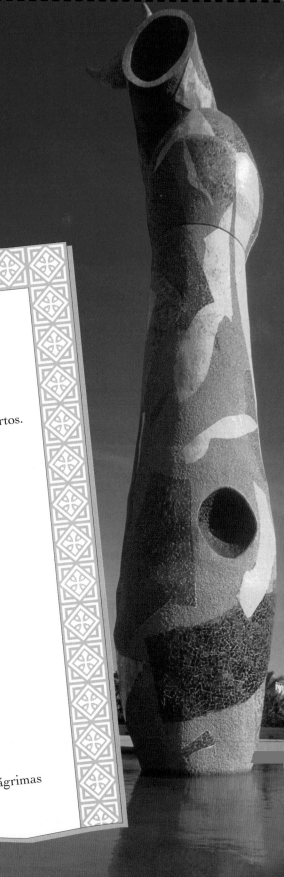

Las serpientes son las corbatas de los árboles.

· · ·

Debía de haber unos gemelos de oler para percibir el perfume de los jardines lejanos.

· · ·

Las gaviotas nacieron de los pañuelos que dicen ¡adiós! en los puertos.

· · ·

La jirafa es un caballo alargado por la curiosidad.

· · ·

Los ceros son los huevos de los que salieron las demás cifras.

· · ·

El cerebro es un paquete de ideas arrugadas que llevamos en la cabeza.

· · ·

Tan pequeño era el tiempo en su reloj de pulsera que nunca tenía tiempo para nada.

· · ·

Psicoanalista: sacacorchos del inconsciente.

· · ·

El Coliseo en ruinas es como una taza rota del desayuno de los siglos.

· · · · · ·

En los hilos del telégrafo quedan, cuando llueve, unas lágrimas que ponen tristes los telegramas.

12 **¿Qué te dice la greguería de las serpientes? Y, de las otras, ¿cuál te gusta más? ¿Por qué?**

13 **Ahora intenta reconstruir estas cinco greguerías combinando un elemento de cada columna.**

El libro	es el dolor de cabeza	en las cascadas.
La ardilla	se suelta el pelo	en los pies.
El etc., etc., etc.,	es el salvavidas	que se ha independizado.
El agua	es la trenza	de la soledad.
El reuma	es la cola	de lo escrito.

14 **¿Qué te sugieren estas tres imágenes? Imagina un título para cada obra.**

Mira a continuación los títulos reales de las obras. ¿Se parecen a los que has imaginado tú?

1/ Dona i ocell (*Mujer y pájaro*), de Joan Miró; 2/ *El peine de los vientos*, de Eduardo Chillida; 3/ *Teléfon llamantol* (*Teléfono y langosta*), de Salvador Dalí.

Vamos a investigar un caso muy misterioso.

Para ello, aprenderemos:
✔ a leer y a escuchar textos en forma de relato,
✔ a referirnos al pasado, informando sobre sucesos y sobre circunstancias,
✔ a situar un suceso en el tiempo,
✔ a resaltar un elemento de un relato,
✔ **no... sino, no... pero,**
✔ el Pretérito Imperfecto: formas y usos,
✔ el contraste entre el Indefinido y el Imperfecto,
✔ el Pretérito Pluscuamperfecto: formas y usos,
✔ Imperfecto de **estar** + Gerundio.

¿Dónde estaba usted...?

gente de **novela**

1 **¿Dónde estaba usted ayer a las dos en punto?**
Tener buenas coartadas no es fácil. Mira qué difícil es responder a la pregunta "¿Dónde estaba usted?". En el cuadro de abajo tienes algunas posibles respuestas.

● Yo, el 25 de diciembre, a esa hora, estaba en casa de mis suegros, comiendo con toda la familia.
○ Yo estaba de vacaciones en Tenerife, con mi novia. A esa hora estaba en la playa, supongo.

¿DÓNDE ESTABA USTED...

... el domingo pasado a las 4h de la tarde?
... el día 25 de diciembre a las 18h?
... el día de su cumpleaños a las 12h de la noche?
... ayer a las 7.30h de la mañana?
... el pasado día 15 a las 20h?
... el 1 de enero de 2000 a las 15h?
... anoche a las 23.30h?

YO ESTABA...

– viendo la tele.
– estudiando.
– descansando.
– durmiendo.
– trabajando.
– jugando con los niños.
– ...

– en Cuba.
– de vacaciones en...
– viajando por...
– ...

– con unos amigos.
– con un primo mío.
– con mi mujer/marido.
– con mi novio/a.
– ...

– en casa.
– en el trabajo.
– en casa de unos amigos.
– en el cine.
– en un restaurante.
– en clase.
– ...

– Me parece que...
– (Pues) no me acuerdo.
– ..., supongo.

gente de novela

❷ Hotel Florida Park

¿Quién dijo qué? El martes 13 de abril a las 16h todo parecía normal en el Hotel Florida Park de Palma de Mallorca. Pero, aquella misma noche sucedió algo muy extraño: una famosa *top-model* desapareció de forma misteriosa.

V. P.	Dejé de fumar el mes pasado.
	Tuve un accidente de coche la semana pasada. Por suerte, no muy grave.
	Ayer vine con dos de mis hombres a Palma a una reunión de negocios.
	Sí, ayer gané.
	El año pasado estuve varias veces en este hotel. Todos los años vengo a Mallorca en verano y hago entrevistas a los ricos y famosos que pasan sus vacaciones aquí.
	Me quedé viuda el mes pasado.

	Yo viajo mucho. El mes pasado, por ejemplo, estuve en París, en Londres y en El Cairo.
	Ayer llevé en coche a Laura al club de tenis.
	Ayer llegó un grupo muy grande de turistas y hoy tenemos mucho trabajo.
	Ayer tuve un desfile de moda y hoy tengo una sesión de fotos en Sóller.
	Anteayer me llamó el jefe y me dijo que tenía un trabajo para mí, algo fácil y limpio.

CARLOS ROSALES

LAURA TOLEDO

CLARA BLANCHART

SONIA VITO

VALERIO PUJANTE

JUANA FERRET

PABLO GARCÍA CANO

CRISTINA RICO

LEONARDO OLIVEIRA

SANTIAGO PUÉRTOLAS

ENRIQUE RAMÍREZ

HOTEL FLORIDA PARK, MARTES 13 DE ABRIL A LAS 16H.

3 Misterio en el Florida Park: noticias y llamadas telefónicas

---

EL PLANETA
Miércoles 14 de abril

Misteriosa desaparición de la *top-model* Cristina Rico en un lujoso hotel de Palma de Mallorca

Palma de Mallorca / EL PLANETA

Según fuentes bien informadas, la policía no dispone todavía de ninguna pista ni ha realizado ninguna detención. El inspector Palomares, responsable del caso, ha declarado que piensa interrogar a clientes y a personal del hotel en busca de alguna pista que aclare el paradero de la modelo.

A la 1h de esta madrugada pasada, el chófer y guardaespaldas de Cristina Rico, Valerio Pujante, avisó a la policía de la misteriosa desaparición de la famosísima modelo española. Valerio Pujante, de nacionalidad chilena, la estuvo esperando en la recepción del hotel donde esta se alojaba. La modelo le había dicho que iba a cenar con un amigo, por lo que iba a salir del hotel sobre las 22.30h. A las 23.30h, extrañado ante el retraso de Cristina, la llamó desde recepción pero no obtuvo respuesta. En ese momento decidió avisar a la dirección del hotel y, tras comprobar que no se encontraba en la habitación, el director comunicó la extraña desaparición a la policía.

Últimamente Cristina Rico se ha convertido en una de las más cotizadas modelos españolas. El mes pasado firmó un contrato millonario con la firma de cosméticos Bellísima. También ha sido noticia en los últimos meses por su relación con Santiago Puértolas, banquero y propietario de varias revistas del corazón. El conocido hombre de negocios también se encontraba en el mencionado hotel la noche de la desaparición.

La agente de la modelo, Sonia Vito, ha declarado a este periódico: "Es muy extraño. Todo el mundo la quiere. Estamos muy preocupados."

También se aloja en el hotel la tenista Laura Toledo, íntima amiga de la modelo, que disputa estos días el Trofeo Ciudad de Palma de Mallorca, acompañada por su novio y entrenador, el peruano Carlos Rosales. Laura Toledo ha declarado estar consternada y no encontrar ninguna explicación a la misteriosa desaparición de su amiga. Probablemente fue la tenista quien vio por última vez a Cristina, ya que estuvo con ella hasta las 22h en su habitación.

La popular Clara Blanchart, periodista de la revista *Quince segundos,* ha comentado que la noche de la desaparición también fue visto en el hotel el conocido hombre de negocios Enrique Ramírez, que algunas fuentes vinculan a una mafia que actúa en las Islas Baleares.

La modelo Cristina Rico

A Observa a los once personajes que están en el vestíbulo del hotel y lee las once frases del cuadro. Marca en las casillas las iniciales del personaje que crees que ha dicho cada frase.

 • "Dejé de fumar el mes pasado."
○ Eso lo dijo Valerio Pujante. Mira cómo está oliendo el humo del cigarrillo en la imagen.

B Fíjate en los verbos de las once frases. Todos están en Pretérito Indefinido. Haz una lista y busca a qué infinitivos corresponden. Haz también una lista de las expresiones temporales (el mes pasado, ayer...).

 dejé ———→ dejar

C Busca en la imagen a los personajes que se mencionan en el artículo. Muchos tienen alguna relación con la modelo desaparecida. Anótalo. Va a tener importancia para tu investigación.

 Valerio Pujante: chófer y guardaespaldas de Cristina.

D Escucha las conversaciones telefónicas de 3. ¿Quiénes crees que hablan? Todos están en la imagen y en el artículo de *El Planeta* se habla de todos menos de uno. Completa el cuadro con tus hipótesis.

```
PUEDEN SER...
        conversación 1 _____
        conversación 2 _____
        conversación 3 _____

ME PARECE QUE HABLAN DE...
        conversación 1 _____
        conversación 2 _____
        conversación 3 _____
```

6 FORMAS Y RECURSOS

gente de novela

4 Circunstancias de un hecho (simultáneas o anteriores)

Con tus compañeros, haced una lista de cosas que os han pasado o que habéis hecho recientemente (las dos más divertidas, las dos más importantes, las dos más...). Indicad, si podéis, la fecha y hora concretas.

- El domingo por la tarde fui a ver la final de la Eurocopa a casa de unos amigos.

Elegid una de ellas y explicad algunas de sus circunstancias, anteriores o posteriores.

- Fui a ver la final de la Eurocopa a casa de Chimo. Sus padres no estaban. Habían salido a dar un paseo.

¿Y qué pasó? Ahora vamos a hacerlo al revés. En grupos, vamos a escribir las circunstancias que rodean un hecho, que no mencionamos. Luego las leemos en voz alta y los demás tienen que imaginar un hecho posible.

Estábamos solos en casa. Todos los vecinos se habían ido de vacaciones. El barrio entero estaba a oscuras. No se oía ningún ruido, solo el viento que soplaba fuerte. De repente...

- ... llamaron a la puerta...
- ○ ... sonó el teléfono...
- ■ ... vi una cara detrás de la ventana...

5 Aquella noche

Vamos a ampliar el relato de lo que hizo el inspector Palomares. Aquí tienes el núcleo del relato, con los tiempos en Indefinido, y las diversas circunstancias que puedes poner en diferentes lugares. Ten en cuenta que en algunas ocasiones necesitarás algún conector como **y, pero, entonces, así que...**

1

Aquella noche el inspector Palomares se acostó muy temprano. A las 7h de la mañana sonó el teléfono. Como siempre: una llamada urgente de la comisaría y un nuevo caso que resolver. Salió inmediatamente a la calle y buscó su viejo coche. A las 7.30 llegó al Hotel Florida Park. Aparcó a la entrada y se abrió paso hasta el mostrador de recepción. El director, Cayetano Láinez, lo recibió enseguida. Palomares fue directo al grano:
–¿Sospecha de alguien? –preguntó Palomares.
–No –respondió el director–, en absoluto.
–¿Cuándo se enteró usted de la desaparición de Cristina Rico?
–A las doce. A las doce de la noche. El chófer vino a verme y me lo explicó. Al principio pensé en una falsa alarma... Pero el chófer me hizo cambiar de opinión...
–¿Habló usted con alguien más?
–Anoche, no. Esta mañana, con el recepcionista.
–Muy bien. Quiero interrogar a todo el personal.

CIRCUNSTANCIAS

1. Hacía un tiempo espléndido.
2. Era un día primaveral y el sol ya había salido.
3. Había tenido una jornada agotadora.
4. Afortunadamente, lo había dejado aparcado cerca de casa.
5. Estaba cansado.
6. La prensa ya estaba allí.
7. Le dolía la cabeza.
8. Los primeros curiosos habían llegado ya.
9. A esa hora aún no había demasiado tráfico en las calles.
10. Era la primera vez que hablaba con él.
11. No quería perder el tiempo.
12. Yo estaba en el restaurante hablando con unos clientes.
13. Estaba muy nervioso y preocupado.

Aquella noche (**hacía un tiempo espléndido, pero**) el inspector Palomares se acostó muy temprano.

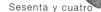

PLUSCUAMPERFECTO E IMPERFECTO

Con ambos tiempos podemos evocar circunstancias que rodean un acontecimiento.

Con el Pluscuamperfecto, evocamos circunstancias anteriores.
La noche anterior **había dormido** poco y se acostó pronto. Cuando se levantó, ya **había salido** el sol.

Con el Imperfecto, evocamos circunstancias simultáneas.
Estaba cansado y se acostó pronto. Cuando se levantó, **hacía** sol.

PRETÉRITO PLUSCUAMPERFECTO

había	
habías	
había	estado
habíamos	+ ido
habíais	dicho
habían	

Las circunstancias de un hecho pueden ser de muy diverso orden.
Estaba cansado y **se acostó** pronto. (Causa – efecto)
Salió a la calle. **Eran** las nueve de la noche. (Contexto temporal).

CONTAR HISTORIAS

Un relato progresa con Perfecto o con Indefinido.
Aquel día **se acostó** pronto. **Tardó** mucho en dormirse.

Cada Imperfecto o Pluscuamperfecto necesita de un Perfecto o del Indefinido del que depende.

Ese día **se acostó** pronto.
   Había trabajado mucho.
   Estaba muy cansado.

Tardó mucho en dormirse.
   Tenía muchos problemas.
   No **estaba** tranquilo.

A las 7.15 **sonó** el despertador.
   Hacía sol.

SITUAR EN EL TIEMPO

Momento mencionado.
en aquel momento
aquel día
a aquella hora

Momento anterior.
un rato / dos horas / unos días **antes**

la noche anterior   el día anterior

Momento posterior.
al **cabo de** un rato

una hora
unos días   } **después**
unos minutos   } **más tarde**

el día siguiente

Momentos consecutivos.
enseguida   inmediatamente

SABER, RECORDAR, SUPONER

● ¿Dónde estaba a aquella hora?
○ Estaba en casa.
  En casa, supongo / creo / me parece.
  No me acuerdo (de dónde estaba).
  No tengo ni idea.

● ¿Está seguro/a de que estaba allí?
○ Sí, (estoy) seguro/a.
  Sí, segurísimo/a.
  Sí, creo que sí.

HORAS APROXIMADAS

sobre las 10h
a las 10h aproximadamente
a las 10h más o menos
entre las 10h y las 12h
Serían las 10h o algo así.

PREGUNTAS

¿Qué hizo anoche?
¿Dónde estuvo anoche?
¿A dónde fue anoche?
¿Cuándo llegó al hotel?
¿A qué hora se despertó?
¿Con quién estuvo anoche?

○ Consultorio gramatical,
  páginas 144 a 147.

6 **¿Qué hizo Cristina el martes?**
El inspector Palomares está investigando qué hizo el martes 13 la *top-model* secuestrada. En la habitación de la modelo ha encontrado estas pistas. ¿Podéis ayudarle? A ver quién escribe más frases (afirmativas o negativas) utilizando el Indefinido.

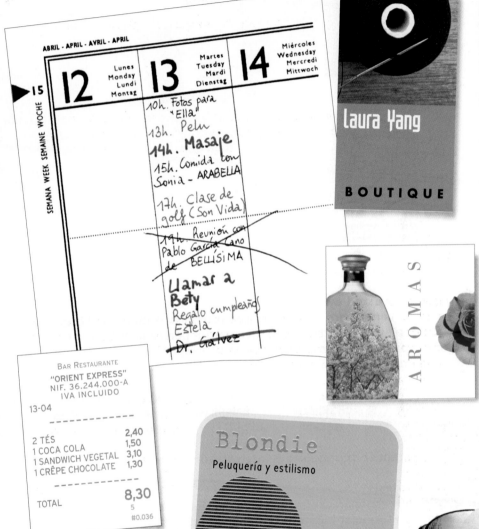

ABRIL · APRIL · AVRIL · APRIL

12	13	14
Lunes Monday Lundi Montag	Martes Tuesday Mardi Dienstag	Miércoles Wednesday Mercredi Mittwoch

SEMANA WEEK SEMAINE WOCHE

15

10h. Fotos para "Ella"
13h. Pelu
14h. Masaje
15h. Comida con Sonia - ARABELLA
17h. Clase de golf (Son Vida)
19h. Reunión con Pablo García Cano de BELLÍSIMA
Llamar a Bety
Regalo cumpleaños Estela
Dr. Gálvez

Laura Yang
BOUTIQUE

AROMAS

BAR RESTAURANTE
"ORIENT EXPRESS"
NIF. 36.244.000-A
IVA INCLUIDO

13-04

2 TÉS	2,40
1 COCA COLA	1,50
1 SANDWICH VEGETAL	3,10
1 CRÊPE CHOCOLATE	1,30
TOTAL	8,30

5
#0.036

Blondie
Peluquería y estilismo

Paseo Marítimo, 30
PALMA DE MALLORCA

7 **Un interrogatorio**

El inspector Palomares ha interrogado a varios clientes del hotel. Entre ellos a Pablo García Cano. Toma notas de su declaración. Formula luego más preguntas para comprobar si dice la verdad. Ojo: tendrás que elegir entre Imperfecto e Indefinido.

8 **¿Qué hicieron aquella noche? ¿Tienen buenas coartadas?**

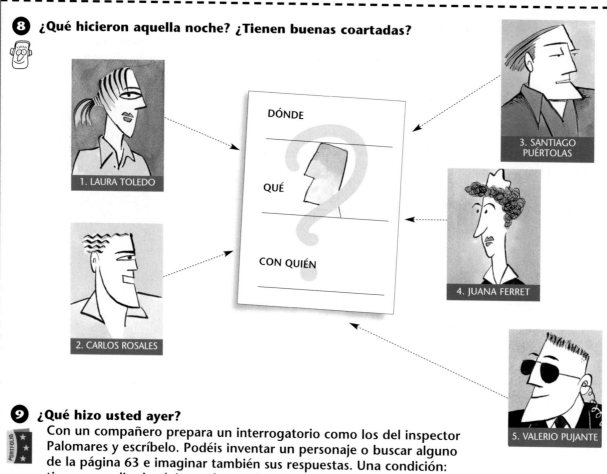

DÓNDE

QUÉ

CON QUIÉN

1. LAURA TOLEDO

2. CARLOS ROSALES

3. SANTIAGO PUÉRTOLAS

4. JUANA FERRET

5. VALERIO PUJANTE

9 **¿Qué hizo usted ayer?**

Con un compañero prepara un interrogatorio como los del inspector Palomares y escríbelo. Podéis inventar un personaje o buscar alguno de la página 63 e imaginar también sus respuestas. Una condición: tiene que salir el máximo número de palabras de esta lista.

| barco | cenar | aeropuerto | habitación | maleta | teléfono |

alquilar   ir   quedar   marcharse   recordar   volver   venir
el día anterior   alguien   así que   aquella noche   al cabo de un rato

Ahora, podéis representar el interrogatorio ante toda la clase.

10 **Tus hipótesis**

¿Por qué desapareció Cristina Rico del Hotel Florida Park?
Intenta formular hipótesis terminando estas afirmaciones.

☐ Cristina había decidido romper el contrato con los laboratorios Bellísima y...
☐ La tenista había descubierto que su novio estaba enamorado de Cristina y...
☐ La representante estaba enamorada de Santiago, el banquero, y...
☐ El chófer y ella habían decidido fugarse a una isla desierta y...
☐ Era todo una trama publicitaria...
☐ Un extraterrestre se enamoró de ella y...
☐ La mafia la secuestró para...
☐ Otras explicaciones: ...

¿Cuáles de las posibles explicaciones te parecen mejores o más lógicas teniendo en cuenta lo que sabemos de la historia? Señálalo.

11 Las hipótesis de Palomares

Lee las notas que ha escrito el inspector Palomares en su cuaderno.
Fíjate en que el inspector no ha escrito los nombres de los implicados.
Discute con varios compañeros a qué personaje corresponde cada número.

> Creo que ya lo tengo todo claro.
>
> No la secuestró nadie el martes 13 en el hotel. Estoy seguro de que todo fue un montaje, y creo que puedo demostrarlo.
>
> Había muchos interesados en su desaparición. Ella misma, por ejemplo. He averiguado que estaba enamorada de 1. Los dos habían comprado, la semana anterior, billetes para las Islas Bahamas. Harta del mundo de la moda, había comentado a un amigo que se sentía muy deprimida y que quería cambiar de vida.
>
> También me he enterado de que el martes por la mañana Cristina se reunió con 2 en un céntrico despacho de Palma. 2, que está vinculada profesionalmente a 3, le entregó a Cristina 1 millón de euros en efectivo. 1 los llevó al banco y los transfirió a una cuenta suiza. Creo que Cristina ha firmado un contrato con 3. ¿Un libro de memorias? ¿Un reportaje muy especial para la revista de 3 sobre la desaparición? Todavía no tengo pruebas.
>
> A 3 también le interesaba por otras razones la desaparición de Cristina. Durante las últimas semanas se ha rumoreado que estaba saliendo con Cristina, y parece ser que su mujer le ha pedido el divorcio y muchísimo dinero. Además ahora él sale con 2.
>
> También colaboró 4. A 4 no le gustaban mucho las relaciones de su novio 5 con su amiga. 4 no estuvo con Cristina en su habitación la noche de la desaparición como declaró. Pero sí que estuvo con ella en otro sitio. La acompañó al puerto, en su coche. Allí las esperaban, en un barco de vela, los hombres de 6. Son profesionales. Los conozco muy bien.
>
> ¿Cómo salió del hotel? ¿Nadie la vio? Sí, yo tengo un testigo: 7 vio como otra camarera del hotel conducía a la modelo, vestida de camarera, a la lavandería por un pasillo del servicio. Cristina fue trasladada dentro de una cesta de ropa a un coche por 8, un hombre de 6, disfrazado también con el uniforme del hotel. El coche lo conducía 4. A las 23.30h la llevó al puerto y volvió al hotel.
>
> Sospecho que 9 también tuvo alguna relación con la desaparición. La marca "Bellísima" está pasando un mal momento. Todo el mundo lo sabe. El caso Rico es una excelente publicidad. ¡Publicidad gratis conseguida por 9 para su marca!
>
> Un muy buen plan, pero no perfecto...

12 Otra historia

Ahora, en grupos, con los datos y con los personajes que tenemos, y otros que podéis añadir, inventad otra hipótesis u otra historia.

PEPE CARVALHO, MÁS QUE UN DETECTIVE

Fue miembro del Partido Comunista y agente de la CIA, vive en las colinas que rodean Barcelona y trabaja en el Barrio Chino, al lado de las Ramblas. Es un gran *gourmet*, le gusta cocinar y quema libros para encender su chimenea. Sus mejores interlocutores son un limpiabotas, un ex presidiario y una prostituta. Viajó a Bangkok, se metió en los laberintos del deporte profesional y de los premios literarios, participó en las crisis del Partido Comunista, en las Olimpiadas de Barcelona y en la búsqueda de un ex director corrupto de la Guardia Civil. Trabajó en los bajos fondos y para la alta burguesía. Investigó los entresijos de los medios de comunicación y de la guerra sucia argentina, entre otras muchas aventuras. Hace años que es uno de los personajes más populares de la literatura española y el protagonista de la serie más traducida a otras lenguas.

Y es que Carvalho, ese detective tan atípico, es más que un personaje de serie negra. Y sus historias son mucho más que simples tramas policíacas. Se trata de una lúcida y compleja crónica de la sociedad española y de su transformación. Su creador, Manuel Vázquez Montalbán, siempre comprometido con la realidad que le rodeaba, la fue construyendo durante más de dos décadas: las historias de Pepe Carvalho (*Tatuaje, La soledad del manager, Los mares del sur, Asesinato en el Comité Central, Los pájaros de Bangkok, El delantero centro fue asesinado al atardecer, La rosa de Alejandría, Quinteto de Buenos Aires...*) son libros indispensables para todos aquellos que quieran conocer y entender la España contemporánea.

El escritor Manuel Vázquez Montalbán (1939-2003) fue, además de novelista, poeta, ensayista y periodista comprometido política y socialmente. Muestra de ello es su obra póstuma *La aznaridad*.

—Soy bastante buen cocinero.
—Y lector.
—Apenas si ojeo los libros, sin hache. Hojearlos, con hache, representaría un esfuerzo excesivo. Me gusta guardarlos y quemarlos.

(*Quinteto de Buenos Aires*)

—¿No eres policía?
—Detective privado.
—¿No es lo mismo?
—La policía garantiza el orden. Yo me limito a descubrir el desorden.

(*Quinteto de Buenos Aires*)

Luego empezó a (...) moverse entre materias concretas en busca de la magia de la transformación de los sofritos y las carnes, esa magia que convierte al cocinero en ceramista, en brujo que gracias al fuego consigue convertir la materia en sensación. (...) Telefoneó al gestor Fuster, su vecino.
—Me pillas en la puerta. ¿Es por lo de los impuestos?
—Ni por asomo. Te invito a cenar.
—Pues piensa en los impuestos. Te cae el segundo plazo el mes que viene. Menú.
—Pimientos rellenos de marisco. Espalda de cordero rellena. Leche frita.
—Demasiado relleno, pero no está mal. Iré.

(*El delantero centro fue asesinado al atardecer*)

ARENA ABIERTA

MANUEL VÁZQUEZ MONTALBÁN

LA AZNARIDAD

Por el imperio hacia Dios o
por Dios hacia el imperio

8ª EDICIÓN
Más de 115.000
ejemplares vendidos

Manuel Vázquez Montalbán
Quinteto de Buenos Aires

El nuevo Carvalho

Manuel Vázquez Montalbán
SERIE CARVALHO

El delantero centro fue asesinado al atardecer

13 Tras leer los tres fragmentos, ¿cómo imaginas que es Carvalho? Y en la literatura de tu país, ¿existe algún personaje de novela tan popular? ¿Cuál es? ¿Se parece a Carvalho?

14 ¿Has leído recientemente alguna novela? Si recuerdas el argumento, resúmelo brevemente para tus compañeros. Prepáralo primero por escrito. Fíjate en que el argumento de los libros se explica en Presente.

• Trata de un chico que un día conoce a una chica en un parque y...

Vamos a crear una empresa y a diseñar un anuncio para la televisión.

Para ello, aprenderemos:
- ✔ a valorar propuestas y sugerencias,
- ✔ a argumentar sobre las ventajas o sobre los inconvenientes de un producto o de un servicio,
- ✔ a hablar de la cantidad de personas,
- ✔ a expresar idea de futuro,
- ✔ a referirnos a porcentajes,
- ✔ a expresar impersonalidad con **se** y con **uno**,
- ✔ el Futuro de los verbos regulares e irregulares,
- ✔ los pronombres de OD y de OI.

gente con ideas

① En apuros

¿Te has encontrado alguna vez en una situación como las de la imagen?

Necesitaba...	no había nada en el frigorífico.
No tenía... y	todo estaba cerrado.
Tenía invitados...	hacía mucho frío.
...	...

● Una vez, era de noche, necesitaba un medicamento y no podía salir de casa...
○ ¿Y qué hiciste? ¿Saliste a la calle?
● No, llamé a unos amigos.

② GENTE A PUNTO: la solución a sus emergencias

Traza tu itinerario en este anuncio interactivo.

GENTE A PUNTO
le pone las cosas fáciles
TEL. 96 542 24 15

No. ◄——— ¿Se ha encontrado alguna vez en una situación en la que necesitaba ayuda doméstica urgente? ——►**Sí.**
¡Nos alegramos por usted!

No, no lo soy. ◄——— ¿Y aún no es cliente nuestro? ——►**Sí, ya lo soy.** *¡Enhorabuena, seguimos a su disposición!*

No, nunca había oído hablar de ustedes. ◄——— ¿Sabe cuántas cosas podemos hacer por usted? ——►**Sí, conozco este tipo de empresas.** *No importa, siga leyendo. Descubrirá una empresa especial.*
Pues siga leyendo. Descubrirá cosas interesantes.

No. ◄ ¿Le gustaría tener en su casa una botella del mejor cava bien fresquito y listo para consumir con solo hacer una llamada telefónica? ——►**Sí.**

No, tampoco. ◄ ¿Y poder llamar por teléfono y encargar un servicio de lavado y planchado de esa camisa que quiere ponerse y que está sucia? ——►**Sí, eso sí.**

Pues no. ◄ ¿Nunca ha necesitado urgentemente un cerrajero y no sabía dónde ir a buscarlo? ——►**Pues sí.**

No, tampoco. ◄ ¿Alguna vez ha querido mandar un ramo de flores y no tenía una floristería a mano? ——►**Sí.**

No. ◄ ¿Y nunca se ha quedado sin café después de una cena estupenda con sus mejores amigos? ——►**Sí, eso sí.**

No. ◄ ¿Se le ha estropeado el ordenador cuando quería enviar un correo electrónico urgente un domingo por la tarde? ——►**Sí.**

Nosotros no estamos tan seguros. Llame gratis a nuestro teléfono. Será un cliente potencial sin cargo alguno. ◄ **No, gracias, de verdad.** ◄ ¿Está seguro/a de que no va a necesitar nunca nuestros servicios? ——► **No sé...** ► Pues no espere ni un minuto más. Llámenos y le inscribiremos en nuestra lista de clientes preferidos. ◄

71

❸ ¿Te interesa este anuncio?

La empresa GENTE A PUNTO ofrece muchos servicios a domicilio. Ahora está haciendo una campaña publicitaria mediante anuncios en la radio y a través del correo comercial.

Tú has oído uno de los anuncios y en el buzón de tu casa has encontrado estos folletos.

GENTE A PUNTO
le pone las cosas fáciles

Distinguido/a vecino/a:

Hace ya más de dos años que trabajamos en la ciudad intentando prestar un servicio ágil y efectivo.

Probablemente usted ya ha oído hablar de nosotros. Incluso puede que sea uno de nuestros clientes.

Con el fin de mejorar nuestros servicios, queremos saber la opinión de nuestros clientes actuales y futuros. Por eso, hemos elaborado esta encuesta, que pasaremos a recoger por su domicilio dentro de unos días.

Muchas gracias por su amable colaboración.

GENTE A PUNTO
le pone las cosas fáciles

Servicio a domicilio **24** horas

Todo lo que necesite a cualquier hora del día

Llámenos, realice su pedido de cualquier producto o servicio y, en breve, lo recibirá en su domicilio.

☎ 96 542 24 15

Actividades

A Responde individualmente a la encuesta de la derecha.

- Después formad grupos de cuatro. ¿Cuáles de los servicios de la empresa GENTE A PUNTO os interesan más? ¿Cuáles menos?
- Ahora, todos juntos, comprobaremos cuáles son los servicios que tienen más demanda en la clase.

B Escucha, ahora, el anuncio radiofónico de GENTE A PUNTO: ¿en qué consisten los nuevos servicios que ofrece?

C Cuatro personas llaman a GENTE A PUNTO. Marca en la encuesta los servicios que solicitan en cada caso.

④ Servicios solicitados
Varias personas llaman a la empresa GENTE A PUNTO para pedir distintas cosas.

Marque, por favor, con una X aquellos servicios que ya ha solicitado alguna vez, o que cree que puede necesitar. ¿Desearía añadir algún otro? Escríbalo en el espacio que le dejamos para sugerencias.

ALIMENTACIÓN
- ☐ PANADERÍA ✳☾ *Pan, bollería, tartas...*
- ☐ POLLERÍA ✳ *Pollos, conejos, carne de avestruz...*
- ☐ CHARCUTERÍA ✳ *Jamón dulce, quesos, salmón...*
- ☐ BODEGA ✳☾ *Cava, vinos, licores...*
- ☐ SUPERMERCADO ✳☾ *Alimentación, productos de limpieza...*
- ☐ POLLOS ASADOS ✳☾ *Con variedad de guarniciones*

HOSTELERÍA
- ☐ RESTAURANTE TRADICIONAL ✳ *Paella, fideuá, brandada de bacalao...*
- ☐ RESTAURANTE CHINO ✳ *Cerdo agridulce, rollitos de primavera...*
- ☐ RESTAURANTE ITALIANO ✳ *Pizzas, pasta al pesto, ensaladas...*
- ☐ RESTAURANTE MEXICANO ✳ *Tacos, nachos...*
- ☐ SERVICIO DE BOCADILLOS ✳ *Fríos, calientes...*

OCIO
- ☐ VÍDEO CLUB ✳☾ *Últimas novedades, clásicos...*
- ☐ AGENCIA DE VIAJES ✳ *Viajes programados, de aventura...*

ANIMALES & PLANTAS
- ☐ FLORISTERÍA ✳☾ *Flores naturales, plantas, jardinería...*
- ☐ CUIDADO DE ANIMALES ✳☾ *Perros, gatos, terrarios...*

HOGAR & EMPRESAS
- ☐ ELECTRICISTA ✳☾ *Averías de urgencia...*
- ☐ CERRAJERO ✳☾ *Cerrajería, aperturas...*
- ☐ LIMPIEZA ✳ *Del hogar, empresas...*
- ☐ SEGUROS ✳ *De coches, de accidentes, del hogar...*
- ☐ INFORMÁTICA ✳ *Ordenadores, programas, juegos...*
- ☐ MUDANZAS ✳ *Guardamuebles, alquiler de furgonetas...*
- ☐ INMOBILIARIA ✳ *Alquiler y venta de pisos, chalets...*
- ☐ SECRETARIADO TELEFÓNICO ✳☾ *Recogida de mensajes, traducciones, alquiler de salones...*
- ☐ AGENCIA DE PUBLICIDAD ✳ *Folletos, anuncios...*
- ☐ ASESORÍA FISCAL ✳ *Asesoría personal, empresarial...*
- ☐ SELECCIÓN DE PERSONAL ✳ *Canguros, personal doméstico...*
- ☐ MENSAJERÍA ✳ *Nacional e internacional*
- ☐ ESCUELA DE INFORMÁTICA ✳ *Cursos extensivos e intensivos*

VARIOS
- ☐ ESTANCO ✳☾ *Tabaco, sellos...*
- ☐ SERVICIO DE DESPERTADOR ✳☾ *A cualquier hora del día*
- ☐ FELICITACIÓN PERSONAL ✳☾ *A domicilio, por teléfono...*
- ☐ MASAJISTA ✳ *Deportivo, estético, dolencias...*
- ☐ CARRETES FOTOGRÁFICOS ✳☾ *Recogida y entrega en 24 horas*

SUGERENCIAS _____

_____

¿Cómo funciona GENTE A PUNTO?

SERVICIO DE DÍA ✳
De 7 a 24h. Tel. 96 542 24 15

Si desea cualquier cosa durante el día –una paella, unos bocadillos, una botella de cava o que le llevemos su traje a la tintorería–, no tiene más que llamar al 96 542 24 15 para realizar su pedido. Le atenderemos con la máxima rapidez y amabilidad.

SERVICIO PERMANENTE NOCTURNO ☾
De 24 a 7h. Tel. 96 542 24 15

Durante la noche usted también podrá disponer de varios servicios. Para ello tendrá que llamarnos por teléfono y le llevaremos inmediatamente aquello que desee: medicamentos, biberones, cubitos de hielo, flores, periódicos, pilas, juegos de mesa, carretes de fotografía, un electricista, un cerrajero...

GENTE A PUNTO
Paseo de la Estación, 10

gente con ideas

5 Tendrá éxito si...

En el periódico de tu ciudad se han publicado estos anuncios de unas empresas recién creadas. Tú quieres invertir dinero en una de ellas. ¿Crees que tendrán éxito? Dale a cada empresa entre 0 y 3 puntos.

MANITAS Y MANAZAS
Escuela de bricolaje
Pza. Mayor, 5-7

EL CANGURO DIVERTIDO

Tel. 946 435 698

Canguro para sus hijos en menos de 1 hora

LA PAELLA DELICIOSA

Cocina española a domicilio

Tel. 944 122 697

SECRETARIA TELEFÓNICA
902 67 83 24

Todo tipo de trámites para personas muy ocupadas

Servicio las **24** horas del día

CENTRO RÁPIDO ANTIESTRÉS
Masajes
las 24 horas del día
10 euros los 15 minutos

La fiesta de Blas

★ ¿Fiestas familiares?

★ ¿Celebraciones de empresa?

★ ¿Despedidas de soltero/a?

Llámenos y preocúpese solo de elegir a sus invitados.

Ahora, en parejas, discutid vuestro punto de vista sobre las posibilidades de cada empresa. ¿En cuáles invertiríais dinero? Podéis tener en cuenta las siguientes ideas sobre previsiones de futuro y sobre condiciones para el éxito.

- ¿Qué te parece la escuela de bricolaje? ¿Crees que tendrá éxito?
- Yo creo que sí. Pero solo si ofrece horarios de tarde y noche.

PREVISIONES DE FUTURO

Tener muchos clientes.
Ser un éxito.
Recibir muchos pedidos.
Ser un buen negocio.
Dar mucho dinero.
...

CONDICIONES PARA EL ÉXITO

un servicio rápido
un catálogo muy amplio
las últimas novedades
precios no muy caros
productos de calidad
...

6 Iremos a cualquier hora que nos llame

Elegid dos anuncios del ejercicio anterior. Tenéis que crear un pequeño texto publicitario para cada uno. Fíjate en cómo se usan el Futuro y el Subjuntivo en el ejemplo.

El canguro divertido: A cualquier hora que nos llame, en menos de una hora tendrá en su casa el mejor canguro para su niño. Estaremos con él todo el tiempo que usted necesite. Jugaremos con él, le contaremos cuentos...

ACONTECIMIENTOS O SITUACIONES FUTURAS

Futuros regulares.

HABLAR	hablar-
LEER	leer-
ESCRIBIR	escribir-

Futuros irregulares.

TENER	tendr-
SALIR	saldr-
VENIR	vendr-
PONER	pondr-
PODER	podr-
HABER	habr-
DECIR	dir-
HACER	har-

+ é / ás / á / emos / éis / án

¿Tú crees que esta idea puede ser interesante?

Sí, será un éxito. Ya lo verás.

El Futuro se usa para transmitir confianza y para dar ánimos.

- Ya lo **verás**.
  Ya **verás** como todo sale bien.

Para expresar la condición.

Si + *Indicativo* + *Futuro*

- Este hotel, **si ofrece** buen servicio, **tendrá** muchos clientes.
- Y **si** los precios no **son** muy caros.

Para ofrecerse a hacer algo dejando que decida el otro.

Futuro / Presente + **cuando / donde / (todo) lo que** + *Subjuntivo*

Se la **llevaremos** a **donde** nos **diga**.
Le **llevamos todo lo que** usted **necesite**.

Para comprometerse a hacer algo, para hacer promesas.

Tendrá su pedido en su casa en menos de 30 minutos.

CUALQUIER(A), TODO EL MUNDO, TODO LO QUE

Todo el mundo ha oído hablar de nuestra nueva empresa.
Llámenos a **cualquier** hora, pídanos **cualquier** cosa, se la llevaremos a **cualquier** sitio.

Todo generalmente va con artículo.

todo el dinero
toda la pizza
todos los pedidos
todas las botellas
todo lo que hemos pedido

Todo/a/os/as sin sustantivo exige su correspondiente pronombre átono de OD:
lo, la, los, las.

● ¿Y el zumo?
○ Me **lo** he bebido **todo**.

● ¿Y la pizza?
○ Me **la** he comido **toda**.

● ¿Y los pollos?
○ **Los** hemos vendido **todos**.

● ¿Y las botellas?
○ **Las** he repartido **todas**.

PRONOMBRES ÁTONOS OD+OI: SE LO/LA/LOS/LAS

Cuando se combinan los pronombres de OI **le** o **les** con los de OD **lo, la, los, las,** los primeros se convierten en **se**.

● ¿Y el pollo?
○ ~~Le lo~~ llevaré ahora mismo.
   Se lo llevaré ahora mismo.

○ **Consultorio gramatical,** páginas 148 a 151.

---

7 **Un juego**

En este establecimiento de GENTE A PUNTO hay que organizar el reparto de los siguientes encargos.

PRODUCTO	CLIENTE
paella	Marisa Aguirre
nachos	Sres. Frontín
ensaimada	Carmelo Márquez
vino	Nuria París
cava	Gloria Vázquez
cervezas	Rafael Ceballos
2 pollos	Sra. Escartín
pizza	Rosa Mari Huertas
tacos	Óscar Broc
rollitos de	Gemma Alós
primavera	

En pequeños grupos, y por turnos, formad frases con estas tres estructuras. Si un alumno usa las tres formas correctamente recibe un punto suplementario.

Los nachos **se los** llevas a los Sres. Frontín. (1 punto)
Los nachos hay que llevár**selos** a los Sres. Frontín. (2 puntos)
Los nachos lléva**selos** a los Sres. Frontín. (2 puntos)

8 **Esto no es lo que yo he pedido**

El mensajero ha llevado un paquete y se ha ido. El cliente, al abrirlo, comprueba que no es lo que ha pedido. Escucha lo que dicen y anótalo.

	N° 1	N° 2
les han llevado		
habían pedido		

Ahora vuelve a escuchar las conversaciones telefónicas y observa qué estructuras usan los interlocutores para hacer las siguientes cosas.

DISCULPARSE (EMPLEADO)	PROTESTAR POR EL ERROR (CLIENTE) Y EXPLICAR LO QUE HA PASADO

En parejas, podéis interpretar ahora un diálogo semejante a los que habéis oído. El alumno A es un cliente del ejercicio 7 al que no le han llevado lo que había pedido. El alumno B atiende su llamada desde GENTE A PUNTO.

❾ **Crear una empresa**

Vamos a trabajar en grupos. En una revista hemos visto estos cuatro anuncios. Cada grupo decide crear una empresa. Puede ser una de estas u otra diferente que vosotros os inventéis. ¿Cuál os parece más interesante? ¿Por qué?

HOTEL

DON PEQUE

todo para los niños,
todo a su medida.

¿No quiere regalarles un fin de semana especial a sus hijos?
Lo tenemos todo para que sea una experiencia inolvidable: desde el menú hasta las fiestas, desde el mobiliario hasta la piscina, desde la decoración hasta la música. Cualquier cosa que nuestros pequeños clientes puedan desear, nosotros se la facilitamos al instante.

el Gato feliz

RESIDENCIA PARA ANIMALES DE COMPAÑÍA

¿Tiene usted que salir de viaje? Deje su mascota con nosotros. Puede irse tranquilo. Lo trataremos casi tan bien como usted mismo. Pasamos por su domicilio a recogerlo y se lo devolvemos cuando usted nos lo diga. O si lo prefiere, vamos a donde usted nos indique: al aeropuerto, a la estación, al centro de la ciudad...

EL CHEF AMBULANTE

¿ESTÁ USTED HARTO de la comida rápida? ¿Ha decidido no comer más pizzas heladas, arroces recalentados en el horno, comida con sabor a envase de papel o de plástico? Nosotros tenemos la solución: no pida la comida, pida el cocinero. Vamos a su domicilio cuando usted nos diga y le preparamos la comida para la hora que quiera. Si lo desea, también le hacemos la compra en el mercado.

La zapatería virtu@l

Comodidad, rapidez y eficiencia
Compre sus zapatos por Internet.
Nosotros se los enviamos en menos de 48 horas.
Usted se los prueba y tiene otras 48 horas para devolvérnoslos. En nuestra zapatería virtual encontrará todas las marcas, todos los estilos y los precios más bajos del mercado.

OS SERÁ ÚTIL...

Para referirse a la cantidad de personas.

todo el mundo
la gente
la mayoría (de las personas)
mucha gente
casi nadie
nadie

Ventajas e inconvenientes.

lo que pasa es que...
el problema es que...
lo bueno/malo es que...

Expresar impersonalidad.

En la zapatería virtual...
 ...puedes elegir entre...
 ...uno puede elegir entre...
 ...se puede elegir entre...

10 ¿Qué piensan los consumidores?
Ahora tenéis que pensar en las ventajas y en los inconvenientes de este tipo de servicios frente a los tradicionales. Tenéis que poneros en el lugar de los consumidores, adoptar su punto de vista. De este modo, tendréis más ideas para vuestro anuncio.

11 Elaborar un anuncio audiovisual

Seguimos con los mismos grupos. Vamos a dar a conocer la empresa que hemos creado por medio de un anuncio para la televisión y para las salas de cine. Hay que tomar las siguientes decisiones.

 – Tipo de empresa, nombre y eslogan.
 – Información que dará el anuncio:
  servicios que ofrecerá,
  formas de pago y facilidades,
  posibles descuentos (jóvenes, tercera edad, socios...).
 – Forma del anuncio: entrevista, breve historieta, personajes con voz en off...
 – Ideas para convencer a los telespectadores.

12 Representación de los anuncios. ¿Cuál nos gusta más?

Cada grupo representa ante la clase su anuncio, como si fuera la grabación en vídeo para la TV. Si queréis, podéis firmarlo. La clase decide cuál es el mejor por votación.

COMERCIO MUNDIAL JUSTO

Las relaciones comerciales internacionales son claramente desfavorables a los países menos industrializados. Los problemas que obstaculizan el desarrollo de muchos países están asociados a las condiciones en que elaboran y venden su productos a los países ricos: monocultivo (café, té, plátanos, azúcar...), dependencia de monopolios en su distribución, etc. En los últimos años han surgido algunas iniciativas para ayudar a combatir estos problemas.

En el año 1972, las Naciones Unidas aprobaron una resolución según la cual los países desarrollados han de destinar el 0,7% de su producto interior bruto a aquellos otros que están en vías de desarrollo. Diversas ONG (Organizaciones No Gubernamentales) han hecho suya esta propuesta y realizan actividades destinadas a sensibilizar a la población en general y a presionar a las instituciones para que apliquen esta medida. En España se ha constituido una ONG exclusivamente para promover esta idea: se llama la "Plataforma del 0,7%" y tiene representación en la mayor parte de las ciudades. Así se ha conseguido que muchos ayuntamientos y otras instituciones adopten resoluciones para incluir en su presupuesto anual el 0,7% destinado a la ayuda al desarrollo.

Otras organizaciones han desarrollado el llamado "comercio justo". En las últimas décadas, desde que se inauguró en Holanda en 1969 la primera tienda solidaria, se han multiplicado en muchos países este tipo de establecimientos: se trata de tiendas en las que comprar un kilo de café o una pieza de artesanía tiene un trasfondo ideológico. Productos y tiendas tienen que cumplir una serie de condiciones: respetar el medio ambiente, unificar criterios laborales para hombres y mujeres, no utilizar a niños en la producción, y tener una estructura de empresa solidaria y participativa. El resultado es una red comercial en crecimiento que se enfrenta, de un modo nuevo, a la injusta relación económica entre unos países y otros.

Otra respuesta solidaria a la pobreza son las organizaciones "Sin fronteras": médicos, enfermeras, ingenieros, economistas, profesores e incluso payasos que han decidido trabajar como voluntarios en los países más desfavorecidos en proyectos de cooperación o en situaciones de emergencia.

13 ¿Existen productos procedentes de países latinoamericanos en el mercado donde tú compras? ¿Qué precio tienen? ¿Qué parte de ese dinero calculas que le llega a quien los produce en el país de origen?

14 ¿Qué opináis de iniciativas como la del 0,7% y la del "comercio justo"?

15 ¿Qué asociaciones "Sin fronteras" podríais crear en vuestro círculo de amigos o conocidos?

EL 88% DE LOS ESPAÑOLES AFIRMA ESTAR DISPUESTO A CONSUMIR PRODUCTOS DE COMERCIO JUSTO AUNQUE TENGAN QUE PAGAR UN POCO MÁS

EL 66% DE LOS ESPAÑOLES, A FAVOR DE DESTINAR EL 0,7%DEL PIB NACIONAL AL TERCER MUNDO

MÁS DE UN CENTENAR DE PANADEROS COLABORAN CON PAN SIN FRONTERAS

www.rsf.org

8

Vamos a elaborar y a debatir un programa de actuación para preparar un futuro mejor para la sociedad.

Para ello, aprenderemos:
- ✔ recursos para el debate (tomar y ceder la palabra, iniciar y finalizar una intervención...),
- ✔ a expresar opiniones y a argumentar,
- ✔ a expresar continuidad e interrupción,
- ✔ a especular sobre el futuro y a expresar grados de probabilidad,
- ✔ a expresar futuro con **cuando** + Subjuntivo,
- ✔ algunos conectores de la argumentación.

gente que opina

1 La vida dentro de 50 años

¿Cómo será la vida a mediados del siglo XXI? Señala en cuáles de estos ámbitos crees que habrá cambios importantes. ¿Qué cosas crees que pasarán en relación a estos temas? Escribe cinco frases. Puedes utilizar los verbos de la lista.

 Yo creo que muy pronto podremos comunicarnos con otras civilizaciones.

La conservación del medio ambiente:
- la contaminación de los mares,
- la deforestación del planeta,
- el agujero de la capa de ozono,
- el cambio climático.

se solucionará/n habrá/n cada vez más / menos mejorará/n aumentará/n desaparecerá/n se agravará/n afectará/n será/n más fácil / difícil/...

Los adelantos científicos y tecnológicos:
- la manipulación genética,
- la informática y las TIC (tecnologías de la información y de la comunicación),
- la medicina y la esperanza de vida,
- la hibernación de seres humanos.

Las relaciones personales y familiares:
- la tercera edad,
- las nuevas formas de relaciones familiares,
- las madres de alquiler.

La exploración del espacio:
- las bases habitadas en Marte,
- la explotación agrícola del suelo lunar o de otros planetas,
- los contactos con civilizaciones extraterrestres.

Las relaciones internacionales:
- las guerras y los conflictos locales,
- los movimientos migratorios,
- el crecimiento de la población,
- las relaciones entre las diferentes culturas.

Otros: _____

_____

Ahora trabaja en clase con dos compañeros y buscad coincidencias.

- *Yo que creo que el agujero de la capa de ozono será cada vez mayor.*
- *Sí, y eso afectará al clima.*
- *Pues yo creo que no será tan grave.*

Y ahora, los tres os ponéis de acuerdo: ¿qué consecuencias traerán todos estos cambios? Las podéis exponer ante la clase.

- *Nosotros pensamos que el agujero de la capa de ozono será cada vez mayor.*
- *Sí, y eso hará que cambie el clima de la Tierra.*
- *Y afectará a la salud de las personas...*

gente que opina

2 **Palabras, objetos y costumbres que tienen los días contados**
Acaba de salir al mercado el libro *Palabras, objetos y costumbres que tienen los días contados* de Isabel Morán. Aquí puedes leer una de sus páginas.

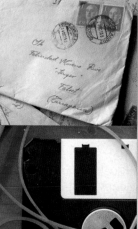

PALABRAS, OBJETOS Y COSTUMBRES
que tienen los días contados

LOS CD
Desaparecerán. Ya no se venderá música en las tiendas. Solo se escuchará a través de Internet. Se pagará una cuota y a cambio se podrá acceder a toda la música del mundo desde cualquier lugar.

EL ORDEN ALFABÉTICO
Por desgracia, este útil invento de un monje francés del siglo XII perderá casi todo su uso cuando guías telefónicas, obras de referencia y directorios estén en soporte electrónico. Para buscar BORGES, por ejemplo, no habrá ya que recordar si la "g" va antes o después de la "j", sino sencillamente pulsar las teclas correspondientes. O ni siquiera eso: pronunciar el nombre será suficiente porque el programa sabrá reconocerlo.

LAS TARJETAS DE CRÉDITO Y OTRAS IDENTIFICACIONES
El reconocimiento de las personas a partir de las características biométricas (huellas digitales, el iris, o incluso el ADN) sustituirá a todos los demás sistemas de identificación. Los sensores colocados en cajeros automáticos, comercios, fronteras u organismos oficiales reconocerán de manera inequívoca a las personas y les permitirán hacer transacciones comerciales o gestiones administrativas sin necesidad de otro documento.

❸ Cambios de valores: la calidad de vida

En el periódico de hoy aparece un artículo sobre los cambios en la sociedad moderna.
Es un reportaje sobre una conferencia de un escritor y filósofo alemán
contemporáneo.

HANS MAGNUS ENZENSBERGER
prevé la crisis del lujo superfluo y exhibicionista

El pensador alemán advierte de un peligro que nos amenaza: lo más necesario empieza a ser escaso.
En un futuro próximo, lo más valioso serán unas condiciones de vida elementales, como vivir en tran-
quilidad, tener tiempo para uno mismo o disponer de espacio suficiente. | Ramón Alba | Madrid.

En la actualidad, los deportistas de élite, los banqueros y los políticos disponen de dinero, de amplitud de espacio para vivir y, hasta cierto punto, de seguridad, pero son muy pobres en tiempo y en tranquilidad. Por el contrario, los parados, las personas mayores o los refugiados políticos tienen en general mucho tiempo, pero a menudo no pueden disfrutarlo de manera adecuada por falta de dinero, de espacio vital o de seguridad.

Seguramente, los lujos del futuro no consistirán ya en disponer de una cantidad de cosas (que en realidad son superfluas y solo sirven para que las exhibamos ante los demás) sino en un serie de bienes aparentemente muy básicos: tiempo, espacio, tranquilidad, medio ambiente sano y libertad para escoger lo que nos interesa.

En las sociedades desarrolladas, el ritmo de vida actual puder terminar provocando un cambio de prioridades: "En la época del consumo desenfrenado, lo escaso, lo raro, lo caro y codiciado no son los automóviles veloces ni los relojes de oro, tampoco las cajas de champán o los perfumes —cosas que pueden comprarse en cualquier esquina— sino unas condiciones de vida elementales: tener tranquilidad, agua pura y espacio suficiente."

(Información obtenida de *La Vanguardia*)

Actividades

A Antes de leer el texto de Isabel Morán, piensa en si crees que desaparecerám los CD, el orden alfabético y las tarjetas de crédito y otras identificaciones.
Después, lee el texto y comprueba si estás de acuerdo con la autora.

B Ahora, fíjate en las imágenes de 2. ¿Qué puedes decir de esas cosas? Di algo de cada uno de los objetos.

- lo/la/los/las usa mucha / bastante gente
- se sigue/n usando
- se seguirá/n usando
- está/n desapareciendo
- desaparecerá/n
- ya no lo/la/los/las usa (casi) nadie

● *Yo creo que los CD los usa mucha gente.*
○ *Sí, pero pronto desaparecerán.*

C ¿Y de estas otras cosas? ¿Cuáles crees que dejarán de existir?

- el dinero en metálico   - las gafas
- el teléfono móvil   - los libros
- los periódicos en papel   - los pasaportes
- los teatros y los cines   - las llaves de metal

● *A mí me parece que el dinero en metálico desaparecerá.*
○ *Sí, yo también lo creo, dejaremos de pagar en metálico y solo usaremos tarjetas de crédito o monederos electrónicos.*

D Haz una lista con los valores (materiales y no materiales) que se citan en el artículo de 3. ¿Cuáles son para ti los más importantes?

E ¿Y la gente que conoces? ¿Qué crees que prefiere: tiempo o dinero?

gente que opina

❹ Progresos de la tecnología: ¿son verdad o son una broma?

Imaginemos que los científicos del Instituto Internacional de Tecnología Aplicada han presentado un catálogo de inventos. ¿Crees que existen realmente?

Máquina para viajar en el tiempo: permite visitar el pasado y el futuro y volver al presente con la información y con las experiencias obtenidas. Por el momento, nadie se atreve a usarla.

Máquina de la verdad: puede detectar inmediatamente si alguien dice la verdad o si miente. No se usa aún (al menos oficialmente) porque plantea serios problemas éticos.

Organismos vivos que combaten la contaminación: plantas que limpian el subsuelo después de un desastre químico, el aire después de un accidente nuclear o que eliminan los metales pesados en el mar.

Mini-helicóptero individual: para desplazarse por la ciudad sin atascos. Solo falta que el Ministerio de Industria lo autorice.

Mascotas de encargo: una *jirafa-bonsai*

- A mí me parece que esto sí existe.
- Pues yo no creo que exista.
- Hombre, quizá todavía no, pero pronto existirá.

Ahora vosotros también podéis describir inventos reales o imaginarios. Vuestros compañeros deberán decidir si existen o no.

❺ ¿Planificas tu futuro?

Responde a este cuestionario. Luego, házselo a tu compañero y comparad vuestros resultados. ¿Quién planifica más su futuro?

¿PLANIFICAS TU FUTURO?

¿Tienes previsto algún cambio en tu vida en las próximas semanas o en los próximos meses?
- a. No tengo ni idea. Si me toca la lotería...
- b. Sí, cuando termine este curso. Es que voy a empezar a estudiar en la Universidad.
- c. Sí, exactamente el día 12 del mes que viene.

¿Te quedarás en la ciudad el domingo que viene?
- a. No lo sé. Lo decidiré el domingo, cuando me haya despertado.
- b. Cuando me llame mi novio, lo decidiremos.
- c. No, iré a la casa de campo de mi amiga Lola. Lo decidimos ya hace un mes.

¿Empezarás a estudiar otro idioma además del español?
- a. No estoy seguro/a.
- b. Cuando tenga un buen nivel de español, quizá sí.
- c. Sí, en septiempre empezaré a estudiar ruso. Ya tengo los libros.

¿Sabes qué te pondrás mañana?
- a. Lo primero que encuentre.
- b. Cuando me levante, lo decidiré.
- c. Un pantalón blanco y una camisa rosa.

¿Qué cenarás hoy?
- a. ¡Yo qué sé! Lo que haga mi madre.
- b. Cuando salga de la escuela, pasaré por el supermercado.
- c. Pescado con patatas y fruta.

Mayoría de...
A = ¡Menudo improvisador...! No sabes ni lo que vas a hacer dentro de 5 minutos.
B = Eres muy razonable. Sabes que todo depende de las circunstancias.
C = Exageras un poco. No se pueden hacer planes tan inflexibles.

LA EXPRESIÓN DE OPINIONES

Presentar la propia opinión.
(Yo) creo que...
(Yo) pienso que...
En mi opinión,...
Estoy seguro/a de que...
Me da la impresión de que...
Tal vez...

+ Infinitivo
el futuro **será** mejor.

(Yo) no creo que...
(Yo) dudo que...
(Yo) no estoy seguro/a de que...
(No) es probable/posible que...
Tal vez...

+ Subjuntivo
el futuro **sea** mejor.

Clarificar las opiniones.
Lo que quiero decir es que...
No, no, lo que quería decir no es eso.
¿Lo que quieres decir es que...?

Aprobar otras opiniones.
Sin duda.
Sí, claro, por supuesto.
Desde luego.

Mostrar duda.
Sí, es probable.
Sí, puede ser.

Mostrar escepticismo.
(Yo) no lo creo.
No estoy (muy) seguro/a de eso.

Mostrar rechazo.
No, qué va.
No, en absoluto.
No, de ninguna manera.

CUANDO CON IDEA DE FUTURO

Cuando + *Subjuntivo*

Cuando termine este curso, iré de vacaciones a Cuba para seguir practicando mi español.

Cuando salga de clase, pasaré por el supermercado para comprar la fruta y la verdura que necesito para la cena.

CONTINUIDAD E INTERRUPCIÓN

Seguir   + *Gerundio*
Seguir + sin + *Infinitivo*

Dejar de + *Infinitivo*
Ya no   + *Presente*

CONECTORES: ARGUMENTACIÓN

Aportar más razones.
Además,...
Incluso...

Sacar conclusiones.
Así que...
Entonces,...
Total, que...

Presentar un nuevo argumento o una conclusión.
De todas maneras,...
En cualquier caso,...

Contraponer razones.
Ahora bien,...
Pero...
Bueno,...
Sin embargo,...

Aludir a un tema ya planteado.
En cuanto a (eso de que)...
(Con) respecto a (eso de)...
Sobre...

Respecto a eso que ha dicho Tere, que no habrá tantas guerras, yo no estoy tan segura.

Yo tampoco. Ahora, lo que sí es probable es que sean muy locales.

▶ **Consultorio gramatical, páginas 152 a 155.**

6 **Y además...**

Escucha lo que dicen estas personas a propósito de Nutristán. ¿Qué argumentos dan a favor? ¿Cuáles en contra?

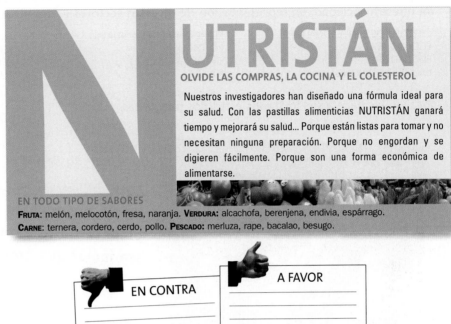

NUTRISTÁN
OLVIDE LAS COMPRAS, LA COCINA Y EL COLESTEROL

Nuestros investigadores han diseñado una fórmula ideal para su salud. Con las pastillas alimenticias NUTRISTÁN ganará tiempo y mejorará su salud... Porque están listas para tomar y no necesitan ninguna preparación. Porque no engordan y se digieren fácilmente. Porque son una forma económica de alimentarse.

EN TODO TIPO DE SABORES
FRUTA: melón, melocotón, fresa, naranja. **VERDURA:** alcachofa, berenjena, endivia, espárrago.
CARNE: ternera, cordero, cerdo, pollo. **PESCADO:** merluza, rape, bacalao, besugo.

EN CONTRA

A FAVOR

Fíjate en los recursos que usan para argumentar sus puntos de vista.

7 **Profecías para el futuro**
Lee este texto y escribe en cada espacio el conector más apropiado.

ahora bien
bueno
incluso
de hecho
en cualquier caso
sin embargo
además

¿Y tú? ¿En qué estás de acuerdo con el texto? ¿En qué cosas no lo estás?

● Yo no creo que la humanidad vaya a seguir mejorando.

En todas las épocas la gente ha querido conocer el futuro. Brujas, adivinos, videntes y artistas han descrito el futuro a sus contemporáneos. _____, hacer predicciones no es fácil y todos ellos se han equivocado. _____, todos no: casi todos. Algunos han acertado; por ejemplo, Julio Verne, que en el siglo pasado ya previó el submarino, la televisión y los viajes espaciales. _____, J. Verne es también una excepción por su optimismo: un optimista entre los pesimistas.

_____, la mayor parte de las predicciones eran una mezcla de pesimismo, desconfianza hacia el progreso, y nostalgia del pasado. ¿Muestras de toda esta desconfianza? Muchas: en el s. XVII la iglesia católica consideraba la cirugía un método antinatural para aliviar el dolor; 200 años más tarde, algunos científicos respetables decían que la luz eléctrica nos dejaría ciegos a todos; _____ se llegó a decir que la velocidad del tren era peligrosa para la circulación de la sangre.

Actualmente las cosas no son muy distintas. Si miramos a nuestro alrededor, comprobaremos que hay cantidad de razones para el optimismo: la medicina ha demostrado su eficacia al servicio de una vida más sana, más larga y con menos dolor; _____, sus costes se han abaratado y sus beneficios se han extendido a todas las clases sociales. _____ sigue habiendo muchas personas que desconfían de las ciencias y de las tecnologías.

_____, yo me atrevo a hacer aquí dos predicciones: la humanidad seguirá mejorando en todos los sentidos. Y los seres humanos continuaremos quejándonos y pensando que "era mejor cuando era peor".

Luis Rojas Marcos
(*El País Semanal*)

gente que opina

8 "Preparamos hoy el mundo de mañana"

El famoso y joven periodista Ricardo García presenta semanalmente un debate en su programa de televisión "Hablando se entiende la gente". El de esta noche trata sobre el futuro del planeta Tierra; asisten como invitados un grupo de personalidades importantes de nuestra sociedad, en representación de diversos sectores y organizaciones públicas.

CIENTÍFICOS E INVESTIGADORES	REPRESENTANTES SINDICALES	ARTISTAS E INTELECTUALES
ECOLOGISTAS	POLÍTICOS	FEMINISTAS
EDUCADORES	EMPRESARIOS	ECONOMISTAS
MIEMBROS DE ONG	JÓVENES	RELIGIOSOS

Ricardo les hace a sus invitados estas dos preguntas.

Debate

PREPARAMOS HOY EL MUNDO DE MAÑANA

Hablando se entiende la gente

¿QUÉ DEBEMOS HACER hoy para preparar un futuro mejor, para que la vida en el planeta Tierra dentro de cincuenta años sea mejor que en la actualidad?

¿QUÉ TEMAS son los más importantes con vistas a ese futuro en la Tierra?

El periodista les ha sugerido la siguiente lista de temas.

- *el trabajo y el desempleo*
- *los desequilibrios entre países ricos y pobres*
- *los conflictos armados*
- *el desarrollo tecnológico*
- *la conservación del medio ambiente*
- *la sanidad y la medicina en todo el planeta*
- *la enseñanza y los sistemas educativos*
- *los derechos humanos*

Al principio del programa, Ricardo pone sobre la mesa noticias relacionadas con algunos de los temas, para sugerir posibles líneas de debate.

CRECEN LAS TENSIONES ENTRE PAÍSES RICOS Y POBRES EN LOS FOROS MUNDIALES

LA AUTOMATIZACIÓN HA REDUCIDO EN UN 45% LOS PUESTOS DE TRABAJO EN LA INDUSTRIA DEL AUTOMÓVIL

REBROTES DE CÓLERA Y FIEBRE AMARILLA EN LAS ZONAS TROPICALES DEL PLANETA

130 MILLONES DE NIÑOS NO TIENEN ESCUELA Y 150 MILLONES VAN A CLASE MENOS DE 5 AÑOS

300 000 NIÑOS SON RECLUTADOS POR EJÉRCITOS REGULARES O GRUPOS ARMADOS

LAS ÁREAS PROTEGIDAS DE LA SELVA ECUATORIAL OCUPAN SOLO EL 4,5% DE LA SUPERFICIE TOTAL

OS SERÁ ÚTIL...

Cuando te ceden el turno.
Bien,...
Mmm, pues...

Si quieres intervenir.
Una cosa:...
Yo quería decir que...

Para mantener la atención del otro.
..., ¿no?
..., ¿verdad?

Contradecir moderadamente.
No sé, pero yo creo que...
No, si yo no digo que...
Sí, ya, pero...
Puede que sí, pero...
que sea así, pero
que tengas razón, pero...

Contradecir abiertamente.
Pues yo no lo veo así, yo creo que...

En eso no estoy (nada) de acuerdo.

¿Que no habrá bastante energía? Pues claro que habrá.

Yo no he dicho eso. He dicho que tendremos que ahorrar energía.

9 El debate

Preparamos el debate.

¿A quién vas a representar tú?
– Busca a uno o a dos compañeros que quieran representar al mismo sector social. También podéis elegir un nuevo colectivo que no figure en la lista.

¿Qué vamos a decir? Cada grupo tiene que preparar su intervención.
– Elegid los dos aspectos de la lista de Ricardo que os parezcan más importantes.
– Podéis proponer un nuevo aspecto que no figure en la lista de Ricardo.
– Haced una lista de los PROBLEMAS que tiene el mundo actual en esos dos ámbitos.
– Poned algún EJEMPLO o algún caso concreto de esos problemas.
– Haced otra lista de posibles SOLUCIONES para resolver esos problemas y para prevenir que no vuelvan a surgir.
– Preparad los ARGUMENTOS y las RAZONES en las que se basan vuestras opiniones.

¿Quién vas a ser? En el debate vas a intervenir como representante de un grupo.
– Tienes que defender bien los intereses y los puntos de vista de ese grupo.
– Puedes presentarte de dos formas:
  – desde tu propia identidad,
  – adoptando una identidad imaginaria: un personaje real actual (un político, un artista...),
  – simulando ser un personaje histórico (Julio Verne, Mao Tse Tung...) o un personaje de ficción (Tintín, Don Quijote...).

Realizamos el debate.

Entre todos debéis llegar a crear un programa conjunto con cinco puntos de actuación en los que estéis todos de acuerdo.
– El profesor o un compañero moderará el debate.
– Uno o dos compañeros harán de secretarios. Tomarán nota de los puntos en los que haya mayor acuerdo.
– Al final, los secretarios los expondrán a toda la clase.

UN MUNDO QUE AGONIZA DE MIGUEL DELIBES

E cología, ensayo literario, filosofía y sociología en un solo libro: *Un mundo que agoniza* resume el pensamiento de Miguel Delibes. A través de sus novelas ha intentado hacernos comprender sus ideas sobre el progreso, y en este libro nos explica cuál es el pensamiento que le movió a crear los personajes de sus novelas, héroes del mundo rural. Leer *Un mundo que agoniza* significa comprender profundamente toda la obra de Delibes y su lucha contra el falso progreso. Estos son algunos de sus párrafos.

Todos estamos de acuerdo en que la Ciencia ha cambiado, o seguramente sería mejor decir revolucionado, la vida moderna. En pocos años se ha demostrado que el ingenio del hombre, como sus necesidades, no tienen límites. En la actualidad disponemos de cosas que no ya nuestros abuelos, sino nuestros padres hace apenas unos años, no hubieran podido imaginar: automóviles, aviones, cohetes interplanetarios. Tales invenciones aportan, sin duda, ventajas al dotar al hombre de un tiempo y una capacidad de maniobra impensables en su condición de bípedo, pero, ¿desconocemos acaso que un aparato supersónico que se desplaza de París a Nueva York consume durante las seis horas de vuelo una cantidad de oxígeno aproximada a la que, durante el mismo tiempo, necesitarían 25.000 personas para respirar?

A la Humanidad ya no le sobra el oxígeno, pero es que, además, estos reactores desprenden por sus escapes infinidad de partículas que dificultan el paso de las radiaciones solares, hasta el punto de que un equipo de naturalistas desplazado durante medio año a una pequeña isla del Pacífico para estudiar el fenómeno, informó en 1970 al Congreso de Londres, que en el tiempo que llevaban en funcionamiento estos aviones, la acción del Sol -luminosa y calorífica- había disminuido aproximadamente en un 30%, con lo que, de no adoptarse las medidas correctivas, no se descartaba la posibilidad de una nueva glaciación.

• • •

La Medicina en el último siglo ha funcionado muy bien, de tal forma que hoy nace mucha más gente de la que se muere. La demografía ha estallado, se ha producido una explosión literalmente sensacional. La pregunta irrumpe sin pedir paso: ¿va a dar para tantos la despensa? Si este progreso del que hoy nos enorgullecemos no ha conseguido solucionar el hambre de dos tercios de la Humanidad, ¿qué se puede esperar el día, que muy bien pueden conocer nuestros nietos, en que por cada hombre actual haya catorce sobre la Tierra? La Medicina ha cumplido con su deber, pero al posponer la hora de nuestra muerte, viene a agravar, sin quererlo, los problemas de nuestra vida. Pese a sus esfuerzos, no ha conseguido cambiarnos por dentro; nos ha hecho más pero no mejores. Estamos más juntos —y aún lo estaremos más— pero no más próximos.

• • •

En treinta años hemos multiplicado por diez el consumo de petróleo. Nuestra próspera industria y nuestra comodidad dependen de unas bolsas fósiles que en unos pocos años se habrán agotado. En un siglo nos habremos bebido una riqueza que tardó 600 millones de años en formarse. En cualquier caso, prever que las reservas de plomo y mercurio durarán ochenta años y las de estaño y cinc, cien, no es precisamente abrir para la Humanidad unas perspectivas muy optimistas.

Un mundo que agoniza, Miguel Delibes

10 El texto de Miguel Delibes se escribió en 1979. ¿Crees que desde entonces han cambiado mucho las cosas? ¿Modificarías sus afirmaciones en algún sentido? Discútelo con tus compañeros.

11 Aquí tenéis los resultados de una encuesta que publicó *El País* sobre lo que opinan los españoles de la ingeniería genética. ¿Qué responderías tú a cada una de las preguntas? Comparad los resultados de vuestra clase con los porcentajes de los españoles.

Los españoles y la ciencia

 1 Por lo que usted ha oído o leído sobre la biotecnología o la ingeniería genética, ¿cómo cree que, en general, son estos avances de peligrosos para las personas? ¿Y para el medio ambiente?

En porcentaje	PARA LAS PERSONAS	PARA EL MEDIO AMBIENTE
Muy peligrosos	17,2	15,4
Bastante peligrosos	40,2	37,6
Poco peligrosos	14,1	15,3
Nada peligrosos	5,6	6,5
Depende	6,8	6,0
NS/NC	15,9	19,2

 2 Refiriéndonos específicamente a la ingeniería genética ¿cómo valoraría usted de 0 a 10 su uso para los siguientes propósitos?:

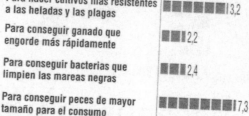

Para hacer cultivos más resistentes a las heladas y las plagas — 3,2

Para conseguir ganado que engorde más rápidamente — 2,2

Para conseguir bacterias que limpien las mareas negras — 2,4

Para conseguir peces de mayor tamaño para el consumo — 7,3

Para conseguir que las vacas produzcan más leche — 3,1

Para diagnosticar las enfermedades hereditarias de las personas — 8

Para nuevos tratamientos médicos — 8

3 Por mencionar un ejemplo concreto: en la actualidad es posible introducir genes del maíz en la patata para aumentar su valor nutritivo, es decir, para que alimenten más. ¿Consumiría usted este tipo de patatas?

NS/NC 11,7%
SÍ 29,6%
NO 58,6%

5 Aunque hoy en día todavía no parece posible llevar a cabo una clonación de seres humanos, ¿cree usted que dentro de 10 o 20 años la clonación humana será algo científicamente posible?

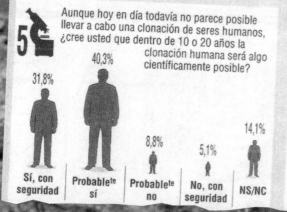
31,8% Sí, con seguridad
40,3% Probable^{te} sí
8,8% Probable^{te} no
5,1% No, con seguridad
14,1% NS/NC

4 A raíz del experimento que permite producir seres absolutamente idénticos unos a otros, es posible que dentro de unos años la clonación de animales constituya una práctica científica habitual. ¿A usted, personalmente, esto le parece…

15,8% NS/NC
Muy negativo 31,4%
1,9% Muy positivo
16,8% Más bien positivo
Más bien negativo 33,9%

Vamos a convertirnos en un gabinete de psicólogos. Investigaremos los problemas y los conflictos de una serie de personas y propondremos soluciones.

Para ello, aprenderemos:
- ✔ a describir relaciones entre las personas,
- ✔ a expresar sentimientos y estados de ánimo y a hablar de ellos,
- ✔ a expresar cambios en las personas,
- ✔ a dar consejos y a hacer valoraciones,
- ✔ usos de **pasar (pasarlo / pasarle / pasársele)**,
- ✔ los superlativos en **-ísimo**,
- ✔ algunos usos de **así**,
- ✔ **un poco / poco**.

gente con **carácter**

Susana y Olga

Lucía

1 Todo el mundo tiene problemas

Escoge a una de las personas de las fotos. Imagina qué problemas puede tener y explícaselos a tus compañeros sin decir su nombre. Ellos deberán adivinar a quién te estás refiriendo. Aquí tienes una lista que te puede ayudar a crear el perfil psicológico de esa persona.

– En el trabajo nadie valora lo que hace. Y lo pasa fatal.
– Sus padres no le entienden. Y se enfadan por cualquier cosa.
– Cree que su pareja se ha enamorado de otra persona.
– Su mujer / marido y él / ella discuten por cualquier cosa.
  Quizá acaben separándose.
– Está bien en su trabajo pero no aguanta a su jefe/a.
– Está muy disgustado/a con su hija: no le gusta nada el chico con
  quien sale.
– Le da miedo quedarse viudo/a.
– No soporta a la familia de su pareja.
– Los vecinos de su escalera son insoportables. Se lleva fatal con ellos.
– Su marido / mujer está muy pesado/a. Tiene celos de todo el mundo.
– Se siente solo/a. No tiene ningún amigo íntimo.
– Sus hijos no le hacen caso.
– Le da vergüenza hablar en público.
– Se lleva bien con su hermana mayor pero dice que es una mandona.
  Se quieren pero siempre están peleándose.
– Su hijo/a mayor le tiene muy preocupado/a: no se entiende con su
  madre / padre.

● Yo creo que tiene problemas de comunicación con sus padres. Ellos no entienden su manera de pensar, ni su manera de vestir...

Ana Belén

Elvira

Antonio

Ahora, un alumno va a simular ser una de estas personas. Tiene que hablar ante el resto de la clase, en primera persona. Explicará sus problemas y los compañeros le darán consejos.

● En el trabajo no aguanto a mi jefe; en casa, mis hijos no me hacen caso, y encima mi pareja tiene unos celos terribles.
○ Lo que tienes que hacer es no darle tanta importancia al trabajo.
■ Sí, y mirar el lado positivo de las cosas: seguramente tu pareja tiene celos porque te quiere mucho.

Manu

91

gente con carácter

② Amores y pasiones: la química en las relaciones humanas

ELLOS Y ELLAS

Rosa Montero

Para nosotras, "ellos" son desconcertantes y rarísimos, del mismo modo que nosotras somos siempre un misterio absoluto para ellos. He tardado muchos años en llegar a comprender que si me gustan los hombres es precisamente porque no los entiendo. Porque son unos marcianos para mí, criaturas raras y como desconectadas por dentro, de manera que sus procesos mentales no tienen que ver con sus sentimientos; su lógica con sus emociones, sus deseos con su voluntad, sus palabras con sus actos. Son un enigma, un pozo lleno de ecos. Y esto mismo es lo que siempre han dicho ellos de nosotras: que las mujeres somos seres extraños e imprevisibles.

Y es que poseemos, hombres y mujeres, lógicas distintas, concepciones del mundo diferentes; somos polos opuestos que al mismo tiempo se atraen y se repelen. ¿Qué es el amor sino esa gustosa enajenación; el salirte de ti para entrar en el otro o la otra, para navegar por una galaxia distante de la tuya? De manera que ahora, cada vez que un hombre me exaspera y me irrita, tiendo a pensar que esa extraña criatura es un visitante del planeta Júpiter, al que se debe tratar con paciencia científica y con curiosidad y atención antropológicas (...). Hombres, (...) ásperos y dulces, amantes y enemigos; espíritus ajenos que, por ser "lo otro", ponen las fronteras a nuestra identidad como mujeres y nos definen.

(El País Semanal)

AMOR Y PASIÓN

Luis Rojas Marcos

La pasión romántica es una emoción primitiva, a la vez sublime y delirante. Está en los genes y se alimenta de fuerzas biológicas muy poderosas. Se han identificado compuestos específicos como la feniletilamina y la dopamina que acompañan a este frenesí que es el enamoramiento.

El flechazo entre dos personas es algo similar a la reacción química entre dos sustancias que al ponerse en contacto se transforman. Es una fiebre infrecuente y fugaz. Sacude a los hombres y a las mujeres un promedio de tres veces a lo largo de la existencia, y su duración no pasa de un puñado de meses. La razón de que nos seduzca ciegamente una persona y no otra es nuestro "mapa del amor" particular, que determina las características del hombre o la mujer que nos va a atraer, a excitar sexualmente, a fascinar. Esta guía mental, inconsciente y única, se forma en los primeros 12 años de la vida, a base de los atributos físicos y temperamentales de figuras importantes de nuestro entorno.

(El País Semanal)

❸ Problemas y conflictos

Actividades

A Lee los textos de Rosa Montero y de Luis Rojas Marcos. Subraya aquellas frases con las que estás más de acuerdo. Señala también, en otro color, aquellas con las que no estás de acuerdo. Luego, comenta con tus compañeros tus puntos de vista sobre lo que dicen.

B Fíjate en las imágenes de 3 y escucha a estas personas que hablan de problemas de conocidos suyos. ¿Qué les pasa? Trata de resumir el conflicto.

	QUIÉNES TIENEN EL PROBLEMA	QUÉ RELACIÓN TIENEN ENTRE SÍ	QUÉ LES PASA
1			
2			
3			
4			

¿Cómo crees que se siente cada una de las personas de las que se habla en la audición? ¿Cómo están?

preocupado/a   enfadado/a   triste   sorprendido/a   deprimido/a   contento/a   tranquilo/a   ...

C ¿Y tú? ¿Conoces a alguien con problemas similares? Explícaselo a tu compañero.

4 ¿Qué le pasa?

Habla con tus compañeros sobre cómo se siente Guillermo, el chico de estas fotos.

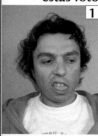
1

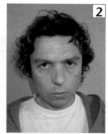
2

3

4

5

6

de mal humor
decepcionado
asustado
indeciso
contento
nervioso
preocupado
triste
de buen humor
harto
enfadado
sorprendido

● Yo creo que aquí está de mal humor.

Y tú, ¿eres muy expresivo? Simula algún sentimiento o algún estado de ánimo. Tus compañeros deberán adivinar qué te pasa.

5 ¿Y a ti? ¿Qué cosas te pasan?

En pequeños grupos, cada uno escribe en un papelito cuatro frases sobre cómo se siente en determinadas situaciones: tres verdaderas y una falsa. Luego se las lee a sus compañeros y ellos tienen que decir cuáles son verdad, y cuál no.

— Lo paso fatal cuando tengo que ir al dentista.
— Me pongo de mal humor si tengo que esperar a alguien que llega tarde. Pero se me pasa enseguida.
— Me pongo muy nervioso cuando tengo que hablar en público.
— Me duele que me digan mentiras.

6 Antes no era así. Se ha vuelto un poco...

Observa estos adjetivos. Forma grupos que tengan cualidades que para ti están relacionadas y justifícalo.

antipático/a   cerrado/a   autoritario   creído/a   confiado/a
flexible   modesto/a   dialogante   insociable   perezoso/a
agradable   altruista   sociable   trabajador/a   triste
egocéntrico/a   desagradable   orgulloso/a   generoso/a   humilde
desconfiado/a   sincero/a   inflexible   alegre   egoísta   falso/a
abierto/a   irresponsable   responsable   simpático/a

Ahora piensa en dos personas que conozcas que hayan cambiado mucho en su forma de ser. Explica a tus compañeros qué cambio se ha producido y por qué.

● El padre de una amiga mía era una persona muy alegre, muy comunicativa. Pero ha tenido una enfermedad, se ha quedado sordo y ha cambiado mucho, se ha vuelto muy serio.

SENTIMIENTOS Y ESTADOS DE ÁNIMO

me
te   { da miedo / risa / vergüenza/...
le   duele...
...

...+ Infinitivo
... si/cuando + Indicativo
... que + Subjuntivo

Me da miedo estar solo.
  (A MÍ)   (YO)
Me da pena cuando / si los niños lloran.
  (A MÍ)   (LOS NIÑOS)
Me da lástima que la gente discuta.
  (A MÍ)   (LA GENTE)
Me duele que María no me llame.
  (A MÍ)   (MARÍA)

PONERSE
me   pongo
te   pones   contento/a...
se   pone
nos   ponemos
os   ponéis   nerviosos/as...
se   ponen

La niña se pone nerviosa...
Me enfado mucho...
Luis se siente fatal...
Lo pasa muy mal...

Indicativo
... cuando la gente discute.
... si la gente discute.

Preguntar por el estado de ánimo.
● ¿Qué le pasa?
○ Está preocupado por su novia.
    nervioso por el examen.
    de mal humor.
    enfadado conmigo.
        contigo.
        con él/ella.
        con ...

EL CARÁCTER

● ¿Cómo es?

○ Es muy amable.
  Es bastante agradable.

  Es poco generoso/a.
  (adjetivos positivos)
  Es un poco egoísta.
  (adjetivos negativos)

No es nada celoso/a.

Para criticar a alguien.
Es un *egoísta* / **una** *estúpida.*
Son unos *egoístas* / **unas** *estúpidas.*

CAMBIOS EN LAS PERSONAS

Cambios de estado de ánimo.
Se ha puesto   *nervioso/a.*
               contento/a.
               triste.
               de mal humor.
               ...

Se ha quedado   *preocupado/a.*
                angustiado/a.
                satisfecho/a.
                molesto/a.
                ...

¿Aún siguen enfadados?

No, ya se les ha pasado.

Cambios de carácter, personalidad y comportamiento.
Se ha vuelto   **un** *sentimental.*
             muy *tímido.*
             más *sensible.*

Desarrollo o evolución personal.
Se ha hecho   *toda una mujer.*
            muy mayor.

CONSEJOS Y VALORACIONES

Impersonales: con Infinitivo.
Es *bueno* / *importante* / *necesario* / *útil* / *conveniente/...* **escuchar** a los hijos.

Personales: con Subjuntivo.
Es *bueno* / *importante* / *necesario* / *útil* / *conveniente/...* **que escuches** a tus hijos.

➡ **Consultorio gramatical,**
páginas 156 a 158.

---

❼ ¿Qué le ha pasado?
Imagina con dos compañeros qué les ha podido pasar, y en qué situación, a las personas de las que hablan estas frases.

1. Cuando las vio, se puso nerviosísimo.
2. Se quedaron más tranquilos cuando les dijeron que habían hablado con el niño.
3. Antes era muy idealista pero con lo que le pasó se ha vuelto un poco más realista.
4. Se puso muy contenta. No se lo esperaba.
5. ¿Has visto cómo ha reaccionado? Se ha hecho muy mayor, ¿no?
6. Su hermana ya lo dice: se ha vuelto muy egoísta.
7. Se ha quedado muy preocupado por lo que le han dicho.

   1. Cuando las vio se puso nerviosísimo.
     ● Estaba Juan en una fiesta y llegaron su novia y su ex novia juntas.

❽ Es bueno escuchar
Lee estos dos textos y señala, en cada uno, los tres consejos que te parecen más importantes.

Tú y tus padres
MANUAL DEL HIJO PERFECTO

1 Recuerda que tus padres son humanos y que tienen defectos, como todo el mundo. Y no los compares nunca con los padres de tus amigos.

2 Con la edad, todos nos volvemos más rígidos: no esperes que entiendan siempre tus puntos de vista.

3 Disfruta de su compañía. Cuando no los tengas, los echarás en falta.

4 Llámales por teléfono siempre que vayas a llegar tarde. No les des motivos de preocupación innecesariamente.

5 Consulta con ellos las decisiones importantes que vayas a tomar.

6 Recuerda que son tus padres, no tus amigos.

7 Exígeles respeto a tu intimidad y a tus decisiones. Recuerda que tu futuro lo decides tú.

Vosotros y vuestros hijos
MANUAL DE LOS PADRES PERFECTOS

1 No tengáis miedo a prohibirles cosas a vuestros hijos. Tenéis que saber decir no.

2 Alabadlos cuando hacen algo bien; no comentéis los pequeños fallos que cometan.

3 Buscad todos los días unos momentos para hacer algo con ellos.

4 Escuchadlos cuando hablan, no los interrumpáis, interesaos por lo que dicen.

5 No los comparéis con sus hermanos o con los hijos de otros amigos.

6 Respetad su personalidad y su forma de ser. Son vuestros hijos, no una copia de vuestros sueños.

7 Respetad su vida privada y su intimidad. Ser padres no os da derecho a intervenir en todos sus asuntos.

Trabaja con un compañero y compara tus opiniones con las suyas. Tenéis que llegar a un acuerdo para elegir los tres consejos más importantes de cada texto.

     ● Yo creo que escuchar a los hijos cuando hablan es muy importante.
     ○ Sí, y sobre todo es bueno que los padres se interesen por lo que dicen.

Ahora, en pequeños grupos, podéis escribir el manual para una de estas relaciones: profesor / alumno perfecto, novio/a perfecto/a o marido / mujer perfecto/a.

9 Como en cualquier familia

Se acaba de estrenar esta película. Los personajes quieren ser un retrato
de la sociedad española actual. Lee el anuncio que se publica en la prensa.

Gente que siente

Una película de
AMELIA CALDERÓN

*"Una visión tierna y sin tapujos de
los conflictos de las familias de hoy"*
(Clara Santos, *ABC*)

*"Maravillosa, profunda, íntima,
romántica, inteligente, valiente"*
(Luis Álvarez, *El Mundo*)

*"Esteban Huarte da vida a un
Eduardo lleno de contradicciones y
desorientado, en plena crisis de
madurez.
La mejor interpretación del reciente
ganador del Goya al mejor actor"*
(Esther Cuevas, *El Periódico*)

LA ÚLTIMA OBRA DE LA DIRECTORA ESPAÑOLA MÁS PREMIADA INTERNACIONALMENTE

Esteban **HUARTE** Martirio **PIQUER** Lolita **CASTILLO** Patricia **CRUZ**

AUTORIZADA PARA TODOS LOS PÚBLICOS

⊠ **CAPITOL** **Roxy·B** 2 Salas ⊠ **LUCHANA** (BENLLIURE) (ACTEON) **Canciller** **España** **Excelsior** (JUAN DE AUSTRIA)

Estos dibujos pertenecen al guión con el que trabajó la directora.

Gloria solo vive para sus hijos. Apenas sale con su marido. Esta noche, sí; esta noche van al teatro con otra pareja, un compromiso de Eduardo. Paloma ha venido a "hacerles un canguro".

Gloria dando instrucciones a Paloma: *Mira, Carlitos tarda mucho en dormirse. Léele un cuento y déjale la luz encendida. En el entreacto te llamaré para ver cómo va todo.*
Eduardo: *Vamos, date prisa, que se hace tarde.*

Eduardo tiene muchos problemas en su trabajo. Y está hecho un mar de dudas. Últimamente se siente atraído por Asun, una secretaria de su empresa. Ella lo sabe.

Eduardo: *¿Y a quiénes afecta la reducción de plantilla?*
Director: *Al personal de secretaría...*
Eduardo: *¿A Asun también?*
Director: *Sí, a Asun también.*

Chelo, la hermana de Gloria, es viuda. Últimamente no sabe lo que le pasa, se siente triste y piensa que la vida no vale la pena.

Gloria: *No sé qué hacer. Eduardo está cada día más cerrado en sí mismo. Solo habla del trabajo, solo piensa en la empresa...*
Chelo: *Pero a ti, ese Tomás, ¿te gusta de verdad?*
Gloria: *No, ¡qué va! Pero si solo lo he visto un par de veces, en dos cenas de la empresa de Eduardo.*

Julián estudia bachillerato. Su mundo: la música y el deporte. Ahora está, además, en la organización de una marcha juvenil pacifista.

Julián: *Sí, sí. Sábado y domingo... la marcha llega a Madrid el sábado por la mañana, a las 12 concentración ante el Ministerio de Defensa...*
Paloma: *Sí, sí, claro. No sabes lo que me apetece... Pero no sé qué dirán en casa...*

Paloma está enamorada de Julián. Pero sus padres no quieren que salga con él porque creen que es un mal chico.

Paloma: *Es un tío muy enrollado, está metido en un montón de actividades; ahora se ha hecho de una ONG... no sé, creo que es algo pacifista, contra el ejército y los gastos militares... Mira, y es divertido... De momento no sabe qué va a hacer cuando termine el bachillerato. El sábado viene a la fiesta... ya verás qué tío tan...*

OS SERÁ ÚTIL...

Relaciones entre personas.

A está enfadado/a con B.
A tiene problemas con B.
A se lleva bien/mal con B.
A se entiende bien con B.
A se ha peleado con B.

A y B están enfadados/as.
A y B tienen problemas.
A y B se llevan bien/mal.
A y B se entienden muy bien.
A y B se han peleado.

A está enamorado/a de B.
A y B están enamorados.

A se ha enamorado de B.
A y B se han enamorado.

Recomendar comportamientos.

Lo que tiene/n que hacer es...
Debería/n...
  ... + *Infinitivo*

Lo mejor es que + *Subjuntivo*

🔟 No te pongas así

¿Qué relaciones hay entre los distintos personajes de la película? Escríbelo junto a los nombres y toma notas sobre quiénes están enamorados, quiénes se llevan bien, quiénes...

Ahora escucha las conversaciones para ampliar tu información. Después comenta tus notas con dos compañeros. ¿Habéis llegado a las mismas conclusiones?

GLORIA - EDUARDO:
TOMÁS - GLORIA:
ASUN - EDUARDO:
CHELO - GLORIA:
GLORIA - CARLITOS:
PALOMA - JULIÁN:

11 Diagnósticos y recomendaciones

Cada grupo se convertirá ahora en un gabinete de psicólogos. Vais a hacer un análisis de las relaciones que tienen los diferentes personajes y un diagnóstico de sus problemas. Luego prepararéis un informe con una serie de consejos.

MUNDOS EN CONTACTO

MARIO BENEDETTI

Mario Benedetti nació en Paso de los Toros, Uruguay, en 1920. Se educó en un colegio alemán y se ganó la vida como taquígrafo, cajero, vendedor, contable, funcionario público, periodista y traductor. Tras el golpe militar de 1973, renunció a su cargo en la Universidad y tuvo que exiliarse, primero en Argentina y luego en Perú, Cuba y España.

Su obra comprende géneros tan diversos como la novela, el relato corto, la poesía, el teatro, el ensayo, la crítica literaria, la crónica humorística y el guión cinematográfico. Ha publicado más de 40 libros y es uno de los escritores en lengua española más traducido.

Compañera
usted sabe
que puede contar
conmigo
no hasta dos
ni hasta diez
sino contar
conmigo
...
pero hagamos un trato
yo quisiera contar
con usted
        es tan lindo
saber que usted existe
uno se siente vivo
y cuando digo esto
quiero decir contar
aunque sea hasta dos
aunque sea hasta cinco
no ya para que acuda
presurosa en mi auxilio
sino para saber
a ciencia cierta
que usted sabe que
puede
contar conmigo.

Soñamos juntos
juntos despertamos
el tiempo hace o deshace
mientras tanto

no le importan tu sueño
ni mi sueño

Mi táctica es
        mirarte
aprender como sos
quererte como sos

mi táctica es
        hablarte
y escucharte
construir con palabras
un puente indestructible

mi táctica es
quedarme en tu recuerdo
no sé cómo   ni sé
con qué pretexto
pero quedarme en vos

Tus manos son mi caricia
mis acordes cotidianos
te quiero porque tus manos
trabajan por la justicia

si te quiero es porque sos
mi amor mi cómplice y todo
y en la calle codo a codo
somos mucho más que dos

tus ojos son mi conjuro
contra la mala jornada
te quiero por tu mirada
que mira y siembra futuro

tu boca que es tuya y mía
tu boca no sé equivoca
te quiero porque tu boca
sabe gritar rebeldía

Ustedes cuando aman
exigen bienestar
una cama de cedro
y un colchón especial
nosotros cuando amamos
es fácil de arreglar
con sábanas qué bueno
sin sábanas da igual

Benedetti, Mario, "Hagamos un trato", "Ustedes y nosotros", "Intimidad", "Táctica y estrategia" y "Te quiero", en *El amor, las mujeres y la vida*, 16.ª edición. Madrid: Santillana Ediciones Generales, S.L.

98

Noventa y ocho

12 Lee los fragmentos de poemas de amor de Benedetti y busca una frase que pueda servir de título a todos estos poemas. Entre todos, poneos de acuerdo en el título.

13 ¿Cuál de estos poemas te gusta más? ¿Por qué?

14 Mira estos carteles de películas españolas y latinoamericanas. ¿De qué puede ir la historia de cada película? ¿Qué tipo de problemas personales crees que pueden abordar?

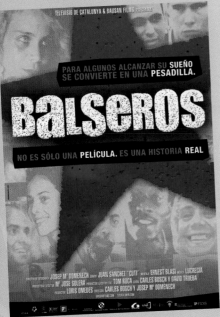

10

Vamos a escribir una postal o un correo electrónico a toda la clase y a referir su contenido.

Para ello, aprenderemos:
- ✔ a escribir diferentes tipos de texto (notas, postales, correos electrónicos...),
- ✔ a referir lo dicho o lo escrito por otros,
- ✔ a pedir y a dar cosas,
- ✔ a pedir a alguien que haga algo,
- ✔ a pedir y a dar permiso,
- ✔ los posesivos (formas y usos),
- ✔ las fórmulas en la correspondencia.

gente y **mensajes**

❶ Ha llamado Alberto

 Escucha estas conversaciones telefónicas. Las personas que han respondido a las llamadas han dejado escritos estos mensajes. ¿A cuál corresponde cada conversación? Completa el cuadro.

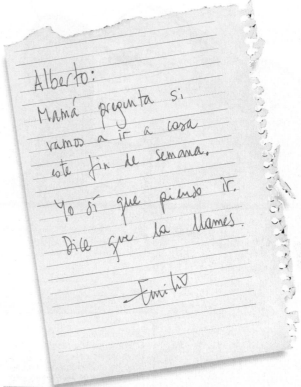

LAURA:

Ha llamado
Alberto. Te pasará
a recoger a
las 18 h.

Ana María

Alberto:

Mamá pregunta si
vamos a ir a casa
este fin de semana.

Yo sí que pienso ir.
Dice que la llames.

Emilio

Ana María:

HAN LLAMADO DE
LA GESTORÍA ALBÉNIZ.
TIENES QUE PASAR A FIRMAR
UNOS DOCUMENTOS HOY O
MAÑANA, PERO NO MÁS TARDE.

PACO

PACO:

HA LLAMADO TU MUJER.
LLÁMALA ANTES DE LAS
7 h A CASA DE TU SUEGRA.

LAURA

LLAMADA Nº	HABLAN		EL MENSAJE ES DE	PARA
_____	_____ y	_____	_____	_____
_____	_____ y	_____	_____	_____
_____	_____ y	_____	_____	_____
_____	_____ y	_____	_____	_____

❷ Querido Mariano

Mariano es el gerente de DEPRISA, una empresa de automoción.
Hoy ha recibido en su despacho y en su casa mensajes de todo tipo.

Mariano:
¿Qué tal te va
el viernes para jugar
un partidito?
Tengo pista reservada a las
10h.
¡Dime algo!

Sebas

Llegada

Enviar ahora   Enviar más tarde   🖉 Añadir archivos adjuntos   🖉 Firma ▼   Opciones ▼

De: Pedro (pedro_dep@gen.es)
Para: @ m.urban_depen@gen.es
CC:
CCO:
Asunto: Llegada

Archivos adjuntos: ninguno

Verdana ▼   Medio ▼   **B** *I* <u>U</u> T

Mariano:
Llego mañana a las 15.38 en un vuelo de Alitalia.
¿Me podrías ir a recoger y hablamos un rato?
Llevo varias cajas, con nuevos productos muy interesantes.
Todo ha ido fenomenal. Mañana te cuento.
Ahora voy a ver al Sr. Ferrero.
Un abrazo.
Pedro

Mariano:
Ya he llamado a COMPUGEN
por lo del ordenador pero no estaba
el técnico.
Ha llamado Pedro Roca desde
Italia. Necesita localizante urgentemente.

Matilde

Papi:
Acuérdate de comprarme
el cuaderno de dibujo que
me prometiste.
Me lo traes el sábado
cuando vengas a
recogerme.
Besitos
Marina

Tengo el placer de invitarle a la inauguración
de la exposición "Miradas del sur" del pintor
malagueño Emilio Santalucía,
que tendrá lugar el próximo día 12 a las 19.30h
en la sede central del Instituto Quevedo.

T O B Í A S   A N A S A G A S T I

IQ

FAX

FAX de: Maite Gonzalvo
PARA: Mariano Urbano
Páginas incluida esta: 1

Mariano:
La niña y yo estamos planificando las
vacaciones de verano. Yo quiero que ella
vaya un par de semanas a Irlanda. ¿A partir
de qué día exactamente va a estar contigo?
Llámame y lo hablamos.
Por cierto, felicidades. ¿No es un día de
estos tu cumpleaños?

Maite

SEGUROS ORBIS

Ctra. Alicante, 44
tel.: 94 737 46 32
fax: 94 737 46 46

MARIANO URBANO
DEPRISA
Bailén, 23
28005 MADRID

3 de abril

Muy Sr. nuestro:

Adjunto le remito, como acordamos
telefónicamente, los documentos relativos
a la póliza de seguros que DEPRISA
tiene contratada con nosotros.
Le agradeceremos nos devuelva una
de las copias firmadas.

Atentamente,

B. Valerio

Amor mío:
Llegaré tarde,
sobre las 9h.
Tengo hora en el
ginecólogo a las 7h.
Hay pizzas en el
congelador para los
niños.

Carmen

Queridos Mariano y Carmen:

Lo estamos pasando estupendamente.
Brasil es un país fascinante y en el
grupo hay gente muy agradable. ¡Hoy
vamos a Río! El abuelo ha estado un
poco resfriado pero ya está mejor.
Por cierto, no os olvidéis de pasar
por casa para dar de comer a los
peces y regar las plantas.

Besos a todos, especialmente a los peques.

Virginia y Alfredo

Mariano Urbano
Deprisa
Bailén, 23
28005 Madrid

❸ Dígame

Begoña trabaja de secretaria en DEPRISA. Hoy es un día complicado: algunos ordenadores se han estropeado y es el cumpleaños de Mariano, el jefe. Además, Pili, otra de las secretarias, se ha peleado con el novio.
El problema es que todos le piden cosas a Begoña. Ahora son las 10h de la mañana.

Actividades

A ¿De quiénes son los mensajes para Mariano? ¿Por qué le escriben? Márcalo.

escribe	es/son	para
Pedro	su ex mujer	invitarlo
Marina	su actual compañera	felicitarlo
Maite	un amigo	avisarlo
T. Anasagasti	sus suegros	preguntarle algo
B. Valerio	su hija	pedirle algo
Matilde	su socio	proponerle algo
Carmen	un agente de seguros	enviarle algo
Sebas	una secretaria	recordarle algo
Virginia y	de DEPRISA	explicarle algo
Alfredo	el director de un	
	centro cultural	

B Observa todos los textos que recibe Mariano: ¿están escritos en el mismo estilo, en el mismo tono? ¿En qué se diferencian unos de otros? ¿Por qué crees que eso es así? ¿Pasa lo mismo en tu lengua?

C Toma nota de todo lo que le piden por teléfono a Begoña. Marca en qué orden harías tú todo lo que le han pedido.

LLAMA	BEGOÑA TIENE QUE	ORDEN
1. Julio, el jefe de contabilidad	_____	☐
2. Manuela, una compañera	_____	☐
3. Bibiana, una amiga	_____	☐
4. Mariano, el gerente	_____	☐
5. Juana, la jefa de ventas	_____	☐
6. Pili, otra compañera	_____	☐
7. Miguel, un compañero	_____	☐

gente y mensajes

4 Por favor

Basilio está en la cama y no para de pedir cosas a todo el mundo.
Prepara las frases que dice. A ver quién inventa más.

● Oye, ¿me pasas el mando a distancia?
Es que quiero ver las noticias de la tele.

Si vais a visitar a Basilio, tal vez tendréis que pedirle permiso
para hacer estas cosas. ¿Cómo lo diréis?

– subir un poco la persiana para tener más luz
– llamar por teléfono
– poner la tele para ver las noticias
– mirar unas fotos que están sobre la mesa
– beber agua
– bajar la calefacción
– haceros un café
– comeros un plátano

● Oye, ¿te importa si subo la persiana un poco?
Está un poco oscuro.

5 No está

Eres la secretaria
de Marta Elizalde.
Escucha las
conversaciones
y escribe tres
mensajes
como este.

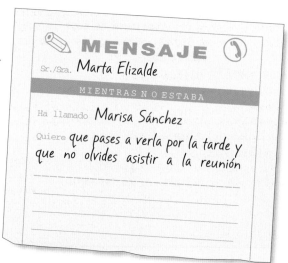

MENSAJE ✏ ☏

Sr./Sra. *Marta Elizalde*

MIENTRAS NO ESTABA

Ha llamado *Marisa Sánchez*

Quiere *que pases a verla por la tarde y que no olvides asistir a la reunión*

PEDIR Y DAR COSAS

● ¿**Tienes** un bolígrafo?
una goma?
○ Sí, toma.
No, no tengo (ninguno/a).

● ¿**Me dejas** el paraguas?
○ Sí, cógelo tú mismo.

PEDIR A ALGUIEN QUE HAGA ALGO

● ¿**Puede/s** ayudarme un momento?
¿**Podrías** pasarme las fotocopias?
¿**Te importaría** atender esta llamada?

○ Sí, ahora mismo.
claro.

Lucía, ¿puedes venir?

Un momento, que estoy hablando por teléfono...

PEDIR Y DAR PERMISO

● ¿**Puedo** hacer una llamada?
○ Sí, sí; llama/e.

● ¿**Te/le importa** si uso el teléfono?
○ No, claro, llama/e.
Es que estoy esperando una llamada.

REFERIR LAS PALABRAS DE OTROS

Me ha escrito Iván.
Envía muchos saludos para ti.
Me invita a su casa.
Me cuenta una serie de problemas.
Me felicita por mi nuevo trabajo.
Nos da las gracias por las revistas.
Nos agradece la visita.

Informaciones.
(+ Indicativo)
Me dice que le va muy bien.
Me comenta que ha visto a Eva.
Me cuenta que ha estado enfermo.

Peticiones, propuestas.

(+ Subjuntivo)

Quiere que	le mande un libro.
Me pide que	pase a verlo.
Dice que	le llames.

Preguntas.

Me pregunta	**si** vamos a ir.
	qué queremos.
	cuándo vamos a ir.
	dónde vives ahora.

Dice que le han llevado a su casa un paquete para mí y que vaya yo allí a buscarlo.

Dile que que lo traiga él aquí.

POSESIVOS

Luis, ¿me dejas **tu** llave? **La mía** no va bien.
Me ha pedido **mi** llave. **La suya** no va bien.

mi/mis
el mío la mía los míos las mías

tu/tus
el tuyo la tuya los tuyos las tuyas

su/sus
el suyo la suya los suyos las suyas

nuestro/a/os/as	
el nuestro	la nuestra
los nuestros	las nuestras

vuestro/a/os/as	
el vuestro	la vuestra
los vuestros	las vuestras

su/sus	
el suyo	la suya
los suyos	las suyas

Consultorio gramatical, páginas 159 a 162.

6 ¿Tienes unas tijeras?

De todos estos objetos, imagina que tienes tres, solo tres. Señálalos.

martillo	tijeras	taladro	cinta métrica	tornillo	aguja de coser
botón	plato	lazo	papel de regalo	clavo	taco
batidora	cuchara	cuchillo	cinta adhesiva	hilo	molde

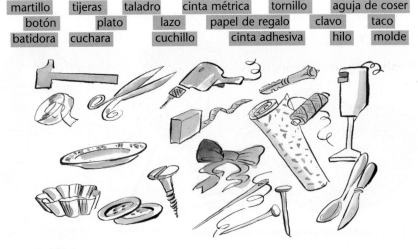

Imagina ahora que estás haciendo una de las siguientes cosas. ¿Qué objetos necesitas?

PARA	NECESITO
arreglar una chaqueta que me va grande	_____
colgar un cuadro	_____
preparar una tarta de fresas	_____
envolver un regalo	_____
montar un mueble de cocina	_____

¿Los tienes? Si no, a ver quién te los presta.

● Víctor, ¿tienes unas tijeras?
○ Sí, pero, lo siento, ahora las estoy utilizando. Es que estoy arreglando una chaqueta.
● Y tú, María, ¿tienes unas tijeras?
■ Sí, toma.

7 Dice María que...

En parejas tenéis que escribir tres notas como esta para un compañero. Después, dais la nota a otro compañero que tiene que transmitir el mensaje al destinatario.

el nombre del destinatario ●   vuestros nombres ●

Podéis escribir:
– una petición,
– una información interesante,
– un agradecimiento,
– una disculpa,
– una invitación,
– OTRAS COSAS.

para Carlos
de María y Bruno

Esta noche vamos a ver una película mexicana. ¿Quieres venir con nosotros?

● Carlos: te han dejado una nota María y Bruno. Dicen que esta noche van a ir a ver una película mexicana. Te invitan a ir con ellos.

8 Puede dejar su mensaje después de la señal

Os encontráis en las situaciones que ilustramos en estos seis dibujos. En parejas, preparad mensajes para dejar en los seis contestadores correspondientes. Luego, podéis grabarlos y escucharlos.

1. Tu gato está enfermo y llamas al veterinario.

2. Quieres invitar a Luis Eduardo, un amigo español, a tu fiesta de cumpleaños.

3. Quieres pedir hora con la oculista.

4. Quieres informarte sobre los cursos de verano de la Escuela Hispania.

5. Acabas de llegar en avión a la ciudad donde viven unos amigos tuyos y no sabes donde alojarte.

6. Estás enfermo en casa y llamas a un amigo para anular una cita que tienes con él.

Inventa ahora el mensaje del contestador automático de algún personaje famoso.
A ver si tus compañeros adivinan de quién es.

❾ El buzón de la clase

Cada uno de nosotros escribe una postal o un correo electrónico a toda la clase.

Escribimos la postal o el correo electrónico.

– El correo electrónico o la postal está dirigida a toda la clase. No firmes.
– Tienes que elegir entre estas situaciones para imaginar desde dónde escribes:
  – desde la playa, donde estás pasando las vacaciones.
  – desde una estación de esquí.
  – desde una casa de campo, donde estás descansando.
  – desde un balneario de aguas termales, donde estás haciendo una cura antiestrés.
  – desde una ciudad española, donde estás haciendo un curso intensivo de español.
  – OTROS.
– Tienes que contar qué estas haciendo, explicar por qué estás ahí, imaginar que te ha pasado una cosa buena y una mala, y pedir un pequeño favor.
– Primero, planifica el texto y escribe un guión de lo que vas a contar. Luego, escribe un borrador, revísalo y después pásalo a limpio.
– Entrega el texto al profesor. Este los recogerá todos y los redistribuirá.

En grupos los leemos.

– Cada grupo recibirá algunos correos o postales que debe leer.
– Tenéis que intentar adivinar quién ha escrito cada carta.

● Yo creo que esta es de Paul. Escribe desde la nieve y a él le gusta mucho esquiar...
○ No, no puede ser. Es de una chica, dice que está muy "contenta".
■ Ah, sí, es verdad.

– Entre todos podéis corregir las faltas, si las hay.
– Tenéis que transmitir a toda la clase el contenido de la postal o del correo más divertido.

● Nos ha escrito un compañero. Dice que...

Después...

– Podemos escribir algunas respuestas.
– Cada autor recupera su postal o su correo electrónico para ver las correcciones y recibe la respuesta, si la hay.

OS SERÁ ÚTIL...

Yo creo que esto no está bien escrito.
Esto no se dice así.
  no es correcto.
Hay que poner...
Aquí hay una falta.
Esta frase no me suena bien.
¿Se dice ski o esquí?
¿Es correcto decir ski?
¿(Esto) se dice así?
  se escribe así?

PHOTO BY MIMMO FABRIZI

...os:

...desde un lugar
...Estoy de
...n Cuba y Brasil
...La Habana
...l fascinante

Recuerdos a la profesora.

   Un fuerte abrazo,

BRASIL

Ángel Viola
Doctor Valls 17-19
Ático 1ª
08026 Barcelona

ESCRIBIR y NO ESCRIBIR

Escribir no es fácil. Y menos aún en una lengua extranjera. Lo más cómodo y lo más rápido es hablar; también es lo más seguro: la mirada y los gestos nos ayudan a expresarnos mejor. Y, si vemos que hay un malentendido, lo podemos corregir inmediatamente. Hablar por teléfono ya no es tan fácil porque no vemos la cara de la otra persona, aunque oímos su voz. La voz es un excelente termómetro para percibir las emociones de la otra persona. Cuando escribimos, en cambio, no vemos la cara de la otra persona, tampoco oímos su voz, ni podemos corregir los malentendidos. Por eso es más difícil escribir bien. Además, hay que ser más cuidadosos con la gramática y con el vocabulario.

Aprender a comunicarse por escrito en una lengua extranjera puede ser tan importante como hacerlo oralmente. ¿Cómo se dicen las cosas por escrito? ¿Cómo se empieza y se termina una carta? ¿Cómo se envían esas señales de amabilidad de las que oralmente se encargan la mirada, el tono de voz, los gestos...?

Y una pregunta especialmente importante: ¿cuándo escribir? No solo se necesita saber qué escribir y cómo hacerlo. Hay que saber cuándo, porque cada sociedad refleja en la lengua escrita, al igual que en la oral, muchos aspectos de su estructura social, de sus hábitos y de sus valores. Y aprender un idioma es ir descubriendo la relación que hay entre el modo en el que se dicen las cosas y los contextos sociales en los que se dicen. En España, por ejemplo, es muy poco frecuente dar las gracias por escrito, que es una cosa habitual, a veces incluso obligada, en otras culturas. Solo hacen invitaciones por escrito las empresas y las instituciones. Y los novios para las bodas. Además, como regla general, se escribe lo menos posible. Aprender español es también aprender en qué situación escriben los hispanohablantes, o entender por qué no escriben.

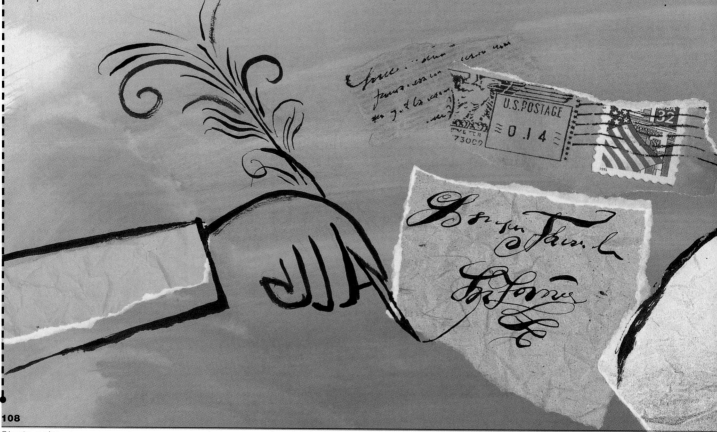

10 En tu país, ¿qué textos escribe la gente en su vida cotidiana? Y tú, ¿qué sueles escribir? Imagina cinco situaciones en las que sea normal escribir a alguien.

11 Aquí tienes dos cartas que Federico García Lorca escribió a su amigo Jorge Guillén. La mitad de la clase lee la primera y la otra mitad, la segunda. Luego, en parejas, y sin mirar el texto, cada uno cuenta a un compañero del otro grupo el contenido de la que ha leído.

Sr. D. Jorge Guillén (Catedrático de Lengua y Literatura Españolas)
Hotel Reina Victoria, Murcia

(Granada, 2 mar. 26, 8 N. - Murcia, 3 mar. 26, 8 T.)

Mi querido Jorge: Todos los días son días que dedico a tu amistad tan penetrante y tan delicada. Me doy por satisfecho teniéndote a ti, a otros pocos (poquísimos) por amigos. Tu recuerdo y el recuerdo de tu mujer y tus niños es para mí una fiesta de sonrisas y de cordialidad. A Teresita es imposible olvidarla.

Lo que más me conmueve de tu amistad es el interés que te tomas por el poeta. Si yo publico es porque vosotros (¡mis tres!) tengáis los libros... Yo en el fondo no encuentro mi obra iluminada con la luz que pienso..., tengo demasiado claro-obscuro. Tú eres generoso conmigo. Ge-ne-ro-so.

F. García Lorca

Granada, 27 dic. 28. 5 T.

Queridísimo Jorge: Un abrazo cordial de amistad y admiración ferviente de Federico. Ya te escribiré. Saluda a Germaine y a los niños. Felicísimo año nuevo. Año para ti de ruiseñor insomne y luna sin tacha. Año de cosecha y frescura. Tu libro estupendo circula por Granada. Rima con la nieve y con el cielo duro del frío. Bellísimas palabras las tuyas, mágico poema el tuyo. IRREAL poesía la tuya. Realísima virtud planetaria la tuya. ¡Abrazos, abrazos!

Granada. Generalife. Jardines
F. García Lorca

Sr. D. Jorge Guillén (poeta),

"Ateneo", Valladolid

Vamos a hacer un concurso en equipos sobre conocimientos culturales.

Para ello, aprenderemos:
- ✔ a buscar información y a reaccionar ante información nueva,
- ✔ a dar información con diferentes grados de seguridad.

Además, repasaremos:
- ✔ las formas verbales personales y no personales de los tiempos presentados durante el curso,
- ✔ los pronombres personales,
- ✔ los posesivos,
- ✔ los demostrativos,
- ✔ los artículos,
- ✔ otro/a/os/as,
- ✔ poco, suficiente, bastante, mucho...,
- ✔ algún/a, algunos/as; ningún/a/o,
- ✔ mismo/a/os/as,
- ✔ el género y el número del adjetivo.

gente que sabe

1 **¿Qué sabemos sobre Argentina, Chile y Uruguay?**

Trabajaremos en grupos de tres. Por cada dato que podáis aportar ponéis una señal (✔) en la casilla correspondiente.

	GEOGRAFÍA	POLÍTICA	HISTORIA	ARTE Y CULTURA	COSTUMBRES	OTROS
ARGENTINA	✔					
CHILE	✔					
URUGUAY						

- La capital de Chile es Santiago.
- Sí, y la de Argentina, Buenos Aires.

2 **Nuestros conocimientos en común**

¿Qué grupo tiene más datos? ¿Hay datos de los que no estáis seguros? ¿De qué temas no tenéis información? ¿Tenéis interés en algún tema en particular? Informad a la clase.

Nosotros sabemos que _____

Creemos que _____ , pero no estamos seguros.

No sabemos nada sobre_____

Estamos interesados en saber cosas sobre _____

- Nosotros no sabemos nada sobre la economía chilena: qué produce, qué exporta...

3 **Saber más**

Podéis buscar más información en enciclopedias, en libros de divulgación, en Internet..., y tomar notas sobre los temas que os interesan más.

Estas notas os servirán también para preparar las actividades de la sección Tareas. En ella hablaremos sobre Chile.

Aquí tienes las webs de los diferentes gobiernos de cada país donde encontrarás información sobre estos países.

http://www.sernatur.cl/

http://www.turismo.gov.ar/

http://www.turismo.gub.uy/

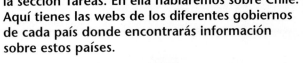

gente que sabe

4 **¿Qué tal tus conocimientos sobre Chile?**

1. Su superficie es de...

☐ poco más de 4 millones de km².
☐ 760 000 km².
☐ casi 30 000 km².

2. Limita con...

☐ Brasil, Argentina, Bolivia y la Antártida.
☐ Perú, la Antártida, Bolivia, Argentina y el Océano Pacífico.
☐ la Antártida, Bolivia, Argentina y el Océano Pacífico.

3. También forman parte de su territorio...

☐ casi 2000 islas.
☐ más de 5800 islas e islotes y una porción de la Antártida.
☐ 95 islas y una porción de la Antártida.

4. Nevado Ojos del Salado, situado en Chile, es...

☐ el lago más grande de Suramérica.
☐ el pico más alto de los Andes.
☐ el volcán más alto del mundo.

5. Chile tiene una densidad de población de...

☐ 18 hab/km².
☐ 210 hab/km².
☐ 56 hab/km².

6. El país tiene territorios en...

☐ tres continentes.
☐ dos continentes.
☐ un continente.

7. Es el primer productor mundial de...

☐ plata.
☐ cobre.
☐ mercurio.

8. Obtuvo la independencia...

☐ de Francia en 1895.
☐ de España en 1818.
☐ de Portugal en 1680.

9. Tiene una población de...

☐ más de 14 millones de habitantes.
☐ casi 56 millones de habitantes.
☐ 6 millones de habitantes.

10. El 11 de marzo de 1990...

☐ un golpe de estado militar puso término al gobierno del presidente Allende e interrumpió la centenaria tradición democrática.
☐ ganó las elecciones Salvador Allende.
☐ mediante plebiscito, los ciudadanos rechazaron la prolongación del régimen del general Augusto Pinochet y empezó la transición a la democracia.

11. En la isla de Pascua hay...

☐ especies animales en vías de extinción.
☐ pirámides como las aztecas.
☐ enormes esculturas de piedra.

12. Es el único país latinoamericano que cuenta con dos Premios Nobel de Literatura:

☐ Gabriela Mistral y Pablo Neruda.
☐ Pablo Neruda y Vicente Huidobro.
☐ Nicanor Parra y Antonio Skármeta.

13. Uno de los platos más característicos es el pastel de choclo, que es un pastel de...

☐ patatas.
☐ fruta.
☐ maíz.

14. La danza más típica de Chile es...

☐ el merengue.
☐ el tango.
☐ la cueca.

5 Gente sabionda

En el concurso de la tele "Gente sabionda" hay dos equipos que han de responder a preguntas sobre países de habla hispana. El tema de hoy es Chile.

Actividades

A Trata de responder individualmente al test de conocimientos sobre Chile. Si tienes dudas, márcalo con un interrogante (?).

B Compara tus respuestas con las de dos compañeros. Deberás exponer las tuyas con distintos grados de seguridad. Después, corrígelas si crees que estabas equivocado.

- Chile tiene 30 000 km², diría yo.
- No, qué va. Es un país muy grande. Tiene muchas islas y una parte de la Antártida.
- ¿Estás seguro?
- Sí, sí, seguro.

C Escucharéis una emisión radiofónica sobre Chile. Con los datos que oiréis, podréis comprobar

vuestras hipótesis y cambiar las respuestas si es necesario.

Nosotros nos hemos equivocado en la número 1. Creíamos que Chile tenía 30 000 km².

D Escucha ahora las discusiones de los concursantes sobre algunas preguntas. Los equipos ganan un punto por cada pregunta acertada. Señala los aciertos en el cuadro. ¿Qué equipo obtiene más puntos en estas preguntas?

Pregunta	4	5	6	7
Equipo A				
Equipo B				

gente que sabe

6 Yo no lo sé

Aquí tienes algunas preguntas sobre España. Seguramente muchas de las respuestas no las sabes. Contesta las que sí sabes y prepara preguntas para obtener la información que te falta. Usa: **¿Sabes si/cuántas/qué...?**

	RESPUESTA	NO LO SABES
¿Hay muchos extranjeros?		¿Sabes si en España...?
¿Cuántas islas tiene?		
¿Hay muchas centrales nucleares?		
¿Cuál es la montaña más alta?		
¿Madrid es la ciudad más grande?		
¿A qué hora suelen cenar los españoles?		
¿A qué edad se jubilan los españoles?		
¿Va a haber elecciones pronto?		
¿Qué partido gobierna?		
¿España es un país muy montañoso?		
¿España tiene petróleo?		
¿Tiene problemas de sequía?		

- ¿Sabes si en España hay muchos extranjeros?
- No lo sé.
- Yo sí lo sé. Hay bastantes, sobre todo magrebíes y jubilados europeos.

7 No es cierto

¿Cuáles de estas afirmaciones son verdaderas y cuáles son falsas?

1. En España ya no quedan ni osos ni águilas.
2. Los jóvenes españoles viven con sus padres hasta los 20 años, como promedio.
3. El turismo es la segunda industria de España.
4. La mayoría de españoles se casan por la iglesia.
5. En España hay varios volcanes.
6. Los españoles son bastante aficionados al esquí.
7. España es el primer productor mundial de corcho.
8. España es el tercer productor mundial de vino.
9. España tiene dos ciudades en el continente africano.
10. En España se cosechan suficientes aceitunas al año para dar 70 a cada habitante del planeta.
11. Actualmente, España es uno de los países del mundo con mayor índice de natalidad.

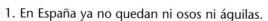

- Yo no creo que el turismo sea la segunda industria.

Ahora contrasta tus hipótesis con las de tus compañeros.

PEDIR INFORMACIÓN

Preguntas sin partícula interrogativa.

¿Sabe/s   si...

Preguntas con partícula interrogativa.

¿Sabe/s   cuál...?
                 cuándo...?
                 cuántos...?
                 quién...?
                 qué...?
                 cómo...?
                 dónde...?

Preguntas con partícula interrogativa y preposición.

¿Sabes **de dónde** es Leonardo Sbaraglia?

¿Sabes **desde cuándo** España es una democracia?

¿Sabes dónde está la Isla de Pascua?

No lo sé, no lo recuerdo.

RECORDAR

- ¿Recuerdas...
  ¿Te acuerdas de...
    ... **cuál** es la capital de Perú?

- No lo recuerdo.
  No me acuerdo.

Lo sabía, pero ahora no me acuerdo.

GRADOS DE SEGURIDAD

● ¿Cuál es la capital de Perú?
○ Yo diría que es Lima.
    Debe de ser Lima.
● ¿(Estás) seguro/a?
○ No, no estoy del todo seguro/a.
    Sí, segurísimo/a.

Pedir confirmación.
● Es Lima, ¿verdad? / ¿no?
○ Sí, Lima.

DESACUERDO

● La capital de Perú es Bogotá.
○ No. Bogotá, no.
    No, qué va. Es Lima.
    ¿Bogotá?, no creo.

Insistir.
○ Que sí, que sí.
    Que no, que no.

○ Que no, que no..., que estás
    equivocado/a. Te digo que es Lima.

AL DESCUBRIR
LOS PROPIOS ERRORES

● La capital de Perú es Lima.
○ Sí, sí, es verdad.
    No me acordaba. Tienes razón.
    (Ah, ¿sí?) Yo creía que era...
            Yo pensaba que era...
            No lo sabía.

> Yo no sabía que en el Mediterráneo había ballenas.

> Yo tampoco lo sabía. Creía que solo vivían en los océanos.

▶ **Consultorio gramatical,**
    páginas 163 a 167.

---

❽ Palabras raras

Nunca hemos estudiado estas palabras pero... ¿tienes intuición para adivinar su significado? Discútelo con dos compañeros.

quisquilloso	¿un árbol, un adjetivo o un pescado?
chanquete	¿una herramienta, un adverbio o un pescado?
ardilla	¿una profesión, un árbol o un animal?
frágil	¿una profesión, un adjetivo o un animal?
araucaria	¿una profesión, un árbol o una fruta?
bogavante	¿un marisco, una flor o un objeto?
cerrajero	¿una profesión, un verbo o un animal?
abanico	¿un objeto, una planta o una fruta?

● Yo diría que es un animal.
○ No, qué va. Yo creo que es una planta.
■ Yo tampoco creo que sea un animal.
● Pues ponemos "planta", ¿no?
○ Vale, una planta.

Después de que el profesor diga las respuestas correctas, escribe las que no has adivinado.

> Yo creía que un abanico era una planta.

❾ ¿Cómo somos? ¿Cómo son?

Vas a oír a unos latinoamericanos que viven en España. Hablan de cómo son los españoles. Luego, un grupo de españoles nos explican cómo se ven a sí mismos.
Completa el cuadro. Luego podéis comentar las contradicciones entre sus opiniones.

¿QUIÉN LO DICE?	los latinoamericanos	los españoles	los dos grupos
A los españoles les gusta comer bien.			
Salen mucho.			
No saben divertirse.			
No saben conversar.			
Son muy abiertos.			

🔟 Un concurso sobre cultura española

Primero trata de responder individualmente a las preguntas. No importa si solo sabes algunas respuestas.

Ahora se forman equipos en la clase. Por ejemplo, podemos dividir la clase en tres equipos. Los miembros de cada grupo compararán y discutirán sus respuestas, las escribirán y las darán al profesor, que dirá qué grupo ha ganado.

1. Una ciudad que empiece por M, que no sea Madrid: _____
2. Tres escritores: _____
3. Un músico: _____
4. Dos pintores: _____
5. Un político: _____
6. Un plato típico: _____
7. Dos monumentos importantes: _____
8. Un museo: _____
9. El título de una novela: _____
10. Una película: _____
11. Una región donde se produce vino: _____
12. Un producto que exporta España: _____
13. ¿Qué es el gazpacho? ¿Un pescado o una sopa? _____
14. ¿Dónde se baila flamenco? ¿En el norte o en el sur? _____
15. ¿Quién es Paco de Lucía? ¿Un músico o un pintor? _____
16. ¿Cuántas lenguas oficiales hay en España? ¿Una, dos, tres o cuatro? _____
17. ¿Qué es la Sagrada Familia? ¿Una iglesia gótica o modernista? _____
18. ¿En qué año terminó la dictadura del General Franco? ¿En 1975 o en 1983? _____
19. ¿Qué es Asturias? ¿Una ciudad o una región? _____
20. ¿Qué es más industrial, el norte o el sur de España? _____
21. ¿Se fabrican coches en España? _____
22. ¿Comen mucho pescado los españoles? _____
23. ¿Estuvieron los romanos en España? _____
24. ¿Dónde se cultivan naranjas? _____
25. ¿Quién es actualmente el presidente del gobierno español? _____
26. ¿Dónde está Santiago de Compostela? _____
27. ¿En qué parte de España está Granada? _____
28. ¿Cuál es el prefijo telefónico para llamar a España? _____

Eduardo Mendoza
Sin noticias de Gurb

Podemos preguntarles...

    ... si...

    ... quién...

    ... cómo...

    ... dónde...

- ¿Les preguntamos el nombre de un plato típico?
- Yo no me acuerdo de ninguno.
  Yo no recuerdo ninguno.

- ¿Alguien sabe dónde está Bilbao?
- Yo no tengo ni idea.
- Sí, hombre/mujer, en el País Vasco.

11 Preparamos un concurso

Vamos a seguir jugando pero ahora vosotros mismos prepararéis nuevas preguntas para los otros equipos. Leed bien la ficha con las reglas del juego.

- ● Podemos preguntarles el nombre de un deportista español.
- ○ Buena idea, un tenista, por ejemplo.
- ■ Es muy fácil, ¿no?
- ○ No tan fácil. Yo ahora no me acuerdo de ninguno.

12 Otro país, otras preguntas

Podemos hacer el mismo juego con vuestros países de origen o con un país que os interese especialmente.

PREPARACIÓN DE LAS PREGUNTAS

– Cada equipo recopila información para formular preguntas sobre temas variados, cuyas respuestas cree conocer (como lo que hemos visto con Chile o en la actividad 10).

– Después, cada equipo prepara 5 preguntas para cada uno de los otros equipos. Mirad las imágenes: os pueden sugerir temas para formular preguntas.

– Podéis preguntar sobre los siguientes temas: historia, población, geografía, economía, arte y cultura, personajes famosos, costumbres, etc. Podéis consultar todos los textos de GENTE 2.

REGLAS DEL JUEGO

– Cada equipo entrega por escrito los cuestionarios (al profesor con las respuestas y a los equipos adversarios sin ellas).

– Luego, cada equipo busca las soluciones. Podéis discutir durante unos 15 minutos.

– Un delegado de cada grupo leerá las preguntas y dará las respuestas que haya decidido el grupo.

– El profesor dirá si la respuesta es correcta o no.

– Si un grupo no sabe alguna respuesta, o da una falsa, puede haber "rebote": los otros equipos pueden responder a esa pregunta.

PUNTUACIÓN

Respuesta acertada: + 3 puntos.

Rebote: + 5 puntos.

Si un grupo hace una pregunta pero no sabe la respuesta correcta, multa: – 5 puntos.

TRES ISLAS MUY ESPECIALES

La Isla de Pascua, en la Polinesia, fue declarada Patrimonio Cultural de la Humanidad por la UNESCO el año 1995 por el enorme interés arqueológico de los vestigios de la cultura *Rapa Nui*. Los *moais*, el más espectacular legado de dicha cultura, le dan a la isla un atractivo único: se trata de más de trescientas enormes esculturas de piedra repartidas por toda la isla. Además, fue también la Isla de Pascua el único lugar de América donde se desarrolló la escritura, como lo testimonian unas tablillas llamadas *rongo rongo*. Estos testimonios están tallados en madera de toromiro, árbol autóctono de la isla casi desaparecido pero cuya recuperación se está intentando en la actualidad. La isla tiene una superficie de 160 Km² y forma triangular. Cada ángulo corresponde a un volcán, Poike, Rano Kau y Maunga Terevaka, todos ellos inactivos.

La Isla de la Juventud, en Cuba, es una pequeña y acogedora isla que sus primeros habitantes llamaron Camargo, Guanaja o Siguanea. Cristóbal Colón la nombró La Evangelista y Diego Velázquez le puso Santiago; Isla del Tesoro, Isla de las Cotorras o Isla de Pinos fueron otros de los nombres que tuvo este lugar. Se dice que la Isla de la Juventud sirvió de escenario a la célebre novela de Robert Louis Stevenson *La isla del tesoro*, y así quedó para siempre llena de interesantes leyendas.

El Festival de la Toronja es la mayor celebración de la Isla. Al compás del sucu sucu, el son y otras modalidades de la música popular, se puede degustar lo mejor de la cocina cubana.

Páginas importantes de la historia de Cuba se han gestado en la Isla de la Juventud. En la Finca El Abra, vivió José Martí en un momento decisivo de su vida; y en el Presidio Modelo fueron encarcelados intelectuales y revolucionarios cubanos.

Su fauna y su flora tropical, las playas y sus fondos marinos de coral la han convertido, en los últimos años, en un paraíso para turistas.

La Palma, una de las islas Canarias, también llamada la Isla Bonita, es extraordinariamente verde y escarpada. En el centro está el mayor cráter que se conoce: La Caldera del Taburiente, declarada Parque Nacional. Su perímetro es de 9 Km y en algunas zonas llega hasta los 770 metros de profundidad. La altura máxima de la isla es el Roque de los Muchachos (2423 m) donde se encuentra un observatorio astrofísico.

Paisajes extraordinarios, bonitas playas y pueblecitos pintorescos hacen de La Palma una isla muy especial.

13 Cierra el libro y pregúntale algo a tus compañeros sobre lo que has leído de la Isla de Pascua, de la Isla de la Juventud o de La Palma.

14 ¿Conoces alguna de estas islas? ¿Sabes más cosas sobre alguna de ellas? Explícaselo a tus compañeros.

15 ¿En cuál de las tres preferirías pasar unas vacaciones? ¿Por qué?

gente

Consultorio gramatical

Consultorio gramatical

ÍNDICE

7. gente con ideas

Expresar idea de futuro: el Futuro de Indicativo, formas regulares e irregulares; **ir a** + Infinitivo; Presente de Indicativo.
Donde / cuando / como / todo lo que... + Subjuntivo.
Llevar / llevarse / traer.
Cualquier/a.
Todo/a/s + sustantivo, **todo lo que** + verbo.
Pronombres de OI + OD: **se lo/la/los/las.**
Ventajas e inconvenientes: **lo que pasa / el problema / lo bueno/malo es que...**
Expresar impersonalidad (3ª parte): **se** + 3ª persona, 2ª persona, **uno.**
La cantidad de personas: **(casi) todo el mundo / nadie/...**
Porcentajes.

8. gente que opina

Cuando + Subjuntivo: expresión de futuro.
El Pretérito Perfecto de Subjuntivo.
Especular sobre el futuro con diferentes grados de seguridad: **estoy seguro de que / tal vez/...** + Indicativo, **tal vez / quizá/...** + Subjuntivo.
Recursos para el debate: presentar la propia opinión, mostrar acuerdo, desacuerdo y duda, contradecir, reformular...
Conectores de argumentación: **por eso, entonces, (y) además, incluso, en cualquier caso, ahora bien...**
Continuidad e interrupción: **seguir** + Gerundio, **seguir sin** + Infinitivo, **dejar de** + Infinitivo, **ya no** + Presente de Indicativo.

9. gente con carácter

Sentimientos y estados de ánimo (3ª parte).
Usos de **así.**
Pasar / pasarlo / pasarle / pasársele.
Un poco / poco.
Expresar cambios en las personas: **ponerse, quedarse...**
Consejos y valoraciones: **es / me parece** + adjetivo + Infinitivo / **que** + Presente de Subjuntivo.
Superlativos en **-ísimo** (2ª parte).

10. gente y mensajes

Pedir y dar cosas.
Pedir a alguien que haga algo.
Pedir y dar permiso: con Infinitivo, con Presente de Indicativo, con Presente de Subjuntivo.
Referir las palabras de otros para transmitir informaciones, preguntas, peticiones, consejo...
Formas y usos de los posesivos: serie átona y serie tónica (con y sin artículo).
Fórmulas en la correspondencia: de encabezamiento y de despedida

11. gente que sabe

Formas verbales no personales: Infinitivo, Gerundio y Participio.
El Presente de Indicativo: regulares, irregulares y reflexivos.
El Pretérito Perfecto de Indicativo.
El Pretérito Imperfecto de Indicativo: regulares e irregulares.
El Pretérito Indefinido de Indicativo: regulares e irregulares.
El Pretérito Pluscuamperfecto de Indicativo.
El Imperativo: regulares e irregulares.
El Futuro: regulares e irregulares.
El Condicional: regulares e irregulares.
El Presente de Subjuntivo: regulares e irregulares.
Pronombres personales: sujeto, reflexivos, OD, OI.
Posesivos.
Demostrativos.
Artículos.
Otro/otra/otros/otras.
Poco, suficiente, bastante, mucho, demasiado.
Algún/a, algunos/as; ningún/o/a.
Mismo/a/os/as.
Género y número del adjetivo.

EL CONDICIONAL

VERBOS REGULARES

CHARLAR	charlar-	
CENAR	cenar-	-ía
BESAR	besar-	-ías
CONOCER	conocer-	-ía
ENTENDER	entender- +	-íamos
PERDER	perder-	-íais
IR	ir-	-ían
VIVIR	vivir-	

VERBOS IRREGULARES

PODER	podr-	
SABER	sabr-	
HACER	har-	-ía
HABER	habr-	-ías
QUERER	querr-	-ía
PONER	pondr- +	-íamos
TENER	tendr-	-íais
SALIR	saldr-	-ían
VENIR	vendr-	

■ Usamos el Condicional para hablar de acciones y de situaciones hipotéticas.

> Creo que **me llevaría** bien con tu hermana; parece muy simpática.

■ También usamos el Condicional para expresar deseos, generalmente con los verbos **gustar** y **encantar**.

> **Me gustaría** vivir en una casa un poco más grande; esta es muy pequeña.
> **Nos encantaría** pasar el verano en la Costa Brava.
> A Eva **le gustaría** mucho salir con John este fin de semana.

■ Y para manifestar deseos espontáneos difíciles de realizar o bien que se plantean para proponer algo.

> ¡Qué hambre! **Me comería** una vaca.
> **Cogería** un avión y **me iría** a Canarias ahora mismo. ¡Tengo tantas ganas de ir a la playa!
> **Me tomaría** un helado; estoy muerto de calor.

FRASES INTERROGATIVAS

■ **Dónde, cómo, por qué, quién/es, qué...**

> **¿Dónde** pasas las vacaciones de Navidad?
> **¿Cómo** vas a trabajar, en coche o en autobús?
> **¿Por qué** vienes tan tarde?
> **¿Quién** es la chica que lleva pantalones vaqueros?
> En esta fotografía, **¿quiénes** son tus padres?
> **¿Qué** haces mañana? / **¿Qué** prefieres, un té o un café?
> **¿Qué** coche es mejor? / **¿Qué** tipo de música te gusta?

(+ *VERBO*)
(+ *SUSTANTIVO*)

¿Me dejas algo para leer un rato?

¿Qué prefieres? ¿Una revista, una novela...?

■ Cuando queremos identificar una cosa o a una persona dentro de un grupo, previamente definido, de elementos de la misma categoría, usamos **cuál/cuáles**.

> ● ¿Me dejas **un libro** para leer esta noche?
> ○ Sí, mira, estos dos están muy bien... **¿Cuál** prefieres?

■ En preguntas con preposición, esta se sitúa antes de la partícula interrogativa.

¿A qué te refieres?	**¿A cuál** te refieres?
¿Con quién estás hablando?	**¿Contra quién** juega el Madrid?
¿De qué estáis hablando?	**¿Con cuál** te quedas?
¿De cuál estás hablando?	**¿Desde cuándo** vives en Granada?
¿En quién confías más?	**¿Hacia dónde** se dirigía el avión?

FRASES INTERROGATIVAS INDIRECTAS

Me gustaría saber
Me parece interesante saber
Podemos preguntarle

- **si** vive solo/a.
  le gusta bailar.   *RESPUESTA SÍ/NO*

- **dónde** vive.
  cómo se llama su mujer/marido.   *RESPUESTA ABIERTA*
  qué trabajo tiene.

EXPRESAR SENTIMIENTOS, GUSTOS Y SENSACIONES

(A mí) **me**
(A ti) **te**
(A él, ella, usted) **le**
(A nosotros/as) **nos**
(A vosotros/as) **os**
(A ellos, ellas, ustedes) **les**

gusta
encanta
divierte
indigna
molesta
preocupa
emociona
da risa / miedo
interesa
pone nervioso/a / triste
hace gracia

salir de noche solo.   *INFINITIVO*
ir al médico.
trabajar mucho.

este programa.   *(SUSTANTIVO*
esta noticia.   *SINGULAR)*

gustan
encantan
divierten
indignan
molestan
preocupan
interesan
emocionan
dan risa / miedo
ponen nervioso/a / triste
hacen gracia

estos programas.   *(SUSTANTIVO*
estas noticias.   *PLURAL)*

Esteban me pone muy nerviosa.

A mí me ponen nervioso sus hermanas.

■ Para expresar la simpatía o la antipatía que sentimos por alguien.

Me
Te   cae   *(UNA PERSONA)*
Le   caen   *(VARIAS PERSONAS)*
...

(muy/bastante) bien.
(muy/bastante) mal.
regular.
...

No me cae/n   (muy) bien.

■ Para graduar estas expresiones usamos diferentes adverbios.

me		**muchísimo**
te	gusta/n	**mucho**
le	interesa/n	**bastante**
...	...	

no {
me		**demasiado**
te	gusta/n	**mucho**
le	interesa/n	**nada**
...	...	**nada de nada**

me		**mucho** miedo	**mucha** pena
te	da/n	**bastante** miedo	**bastante** pena
le		**un poco de** miedo	**un poco de** pena
...	...		

no {
me		**demasiado** miedo	**demasiada** pena
te	da/n	**mucho** miedo	**mucha** pena
le		**nada de** miedo	**nada de** pena
...	...		

A mí salir solo de noche me da mucho miedo.

Pues a mí no me da nada de miedo.

me		**mucha** gracia
te	hace/n	**bastante** gracia
le		
...	...	

me		**muy** nervioso/a, triste...
te	pone/n	**bastante** nervioso/a, triste...
le		**un poco** nervioso/a, triste...
...	...	

no {
me		**muy** nervioso/a
te	pone/n	**demasiado** nervioso/a
le		**nada** nervioso/a
...	...	

! Atención:
Hay algunos verbos que, por su propio significado, no admiten gradación.

Me encantan ~~mucho~~.   Me encantan.

Este disco me encanta ~~poco~~.   Este disco **no** me gusta **mucho**.

EL ORDEN DE LA FRASE

■ Cuando hacemos referencia por primera vez a un tema (**los viernes por la noche, viajar en avión** o **Carmelo**) el orden habitual de la frase es:

Me encantan **los viernes por la noche.**
(Son los viernes por la noche y no los lunes por la mañana, ni las vacaciones en el mar)
Me pone nervioso **viajar en avión.**
(Es viajar en avión y no hablar en público, ni hacer exámenes)
Me cae muy bien **Carmelo.**
(Y no Estela, ni Luis, ni tu sobrino)

Me encantan los viernes por la noche.

■ Pero cuando el tema del que ya se está hablando es precisamente **los viernes por la noche, viajar en avión** o **Carmelo** el orden es:

Los viernes por la noche me encantan.
(Y no me quedo en casa ni me aburren)
Viajar en avión me pone nervioso.
(Y no es muy rápido ni me encanta ni no lo he hecho nunca)
Carmelo me cae muy bien.
(Y no es un vecino de mi barrio ni está enfermo ni me cae muy mal)

 Atención:
En la lengua oral este orden puede sustituirse por unidades entonativas (señaladas mediante comas en la lengua escrita):

Me encantan, **los viernes por la noche.**
(Me encantan y no me quedo en casa, ni me aburren)

SUSTANTIVOS DERIVADOS DE ADJETIVOS

En español hay muchos sustantivos que se derivan de adjetivos.

Son femeninos todos los que acaban en:

-DAD	sensible ➡ la sensibili**dad**	bueno/a ➡ la bon**dad**	honesto/a ➡ la honesti**dad**
-ÍA	cobarde ➡ la cobard**ía**	valiente ➡ la valent**ía**	miope ➡ la miop**ía**
-EZA:	puro/a ➡ la pur**eza**	bello/a ➡ la bell**eza**	triste ➡ la trist**eza**
-CIA:	coherente ➡ la coheren**cia**	astuto/a ➡ la astu**cia**	inteligente ➡ la inteligen**cia**
-EZ:	maduro ➡ la madur**ez**	válido ➡ la valid**ez**	pesado ➡ la pesad**ez**
-URA:	hermoso ➡ la hermos**ura**	dulce ➡ la dulz**ura**	amargo ➡ la amarg**ura**

Son masculinos todos los que acaban en:

-ISMO:	egoísta ➡ el egoísmo	idealista ➡ el ideal**ismo**	nervioso/a ➡ el nervios**ismo**

PRESENTES IRREGULARES

	O/UE PODER	E/IE QUERER	E/I REPETIR	(yo) ZC TRADUCIR
(yo)	puedo	quiero	repito	traduzco
(tú)	puedes	quieres	repites	traduces
(él, ella, usted)	puede	quiere	repite	traduce
(nosotros/as)	podemos	queremos	repetimos	traducimos
(vosotros/as)	podéis	queréis	repetís	traducís
(ellos, ellas, ustedes)	pueden	quieren	repiten	traducen
	SOLER MOVER ...	ENTENDER CERRAR ...	PEDIR SEGUIR ...	DEDUCIR REDUCIR ...

OTROS VERBOS IRREGULARES

	DECIR	OÍR	HACER	SABER
(yo)	digo	oigo	hago	sé
(tú)	dices	oyes	haces	sabes
(él, ella, usted)	dice	oye	hace	sabe
(nosotros/as)	decimos	oímos	hacemos	sabemos
(vosotros/as)	decís	oís	hacéis	sabéis
(ellos, ellas, ustedes)	dicen	oyen	hacen	saben

EL PRETÉRITO INDEFINIDO

VERBOS REGULARES

	-AR TERMINAR	-ER CONOCER	-IR VIVIR
(yo)	terminé	conocí	viví
(tú)	terminaste	conociste	viviste
(él, ella, usted)	terminó	conoció	vivió
(nosotros/as)	terminamos	conocimos	vivimos
(vosotros/as)	terminasteis	conocisteis	vivisteis
(ellos, ellas, ustedes)	terminaron	conocieron	vivieron

VERBOS IRREGULARES

ESTAR	estuv	
PODER	pud	
SABER	sup	-e
TENER	tuv	-iste
QUERER	quis	-o
TRAER	traj*	-imos
DECIR	dij*	-isteis
CONDUCIR	conduj*	-ieron
VENIR	vin	

! Atención:
(*) Cuando la raíz de un verbo irregular acaba en **j**, como **traer**, **decir** y casi todos los verbos acabados en **-cir**, la tercera persona del plural se forma con **-eron** y no con **-ieron**.

 dij**ieron** dij**eron**   produj**ieron** produj**eron**
conduj**ieron** conduj**eron** traduj**ieron** traduj**eron**
traj**ieron** traj**eron** reduj**ieron** reduj**eron**

■ Todos estos indefinidos irregulares, y muchos otros, tienen un cambio de sílaba tónica: en la primera persona singular **(yo)** y en la tercera singular **(él, ella, usted)**: el acento no recae en la terminación sino en la raíz.

 tuvé, tuvó **tu**ve, **tu**vo
viné, vinó **vi**ne, **vi**no

■ **Ser, ir** y **dar** son tres verbos irregulares muy frecuentes. **Ser** e **ir** tienen las mismas formas.

	SER/IR	DAR
(yo)	**fui**	**di**
(tú)	**fuiste**	**diste**
(él, ella, usted)	**fue**	**dio**
(nosotros/as)	**fuimos**	**dimos**
(vosotros/as)	**fuisteis**	**disteis**
(ellos, ellas, ustedes)	**fueron**	**dieron**

■ En algunos verbos se da un cambio vocálico en las terceras personas.

E/I	O/U
PREFERIR	DORMIR
preferí	dormí
preferiste	dormiste
prefirió	durmió
preferimos	dormimos
preferisteis	dormisteis
prefirieron	durmieron

Otros verbos: **pedir, sentir, invertir, morir...**

■ A veces se producen cambios ortográficos.

i/y En las terceras personas de los verbos terminados en **-uir, -eer**.

CONSTRUIR construyó, construyeron LEER leyó, leyeron

z/c En la primera persona del singular de verbos como **cazar** o **rezar**.

CAZAR cacé REZAR recé

c/qu En la primera persona del singular de verbos como **secar** o **tocar**.

SECAR sequé TOCAR toqué

gente y comunicación

CONTRASTE PERFECTO / INDEFINIDO

Podemos referirnos a dos momentos: el momento en el que se habla y del que se habla.

■ En el Pretérito Perfecto los dos momentos se incluyen en una misma fracción del tiempo: **hoy, esta semana, este mes, este año, mi vida aquí, mi vida, la historia de la humanidad...**

■ En el Pretérito Indefinido los dos momentos se sitúan en fracciones de tiempo separadas: **ayer, la semana pasada, el mes pasado, mi vida antes de venir aquí...**

■ Son los hablantes los que establecen la división del tiempo en fracciones. Por eso, un mismo hecho puede presentarse en Perfecto o en Indefinido.

En **este curso he sacado** un sobresaliente y dos notables.
El sobresaliente lo **saqué** en el examen de **diciembre.**
Uno de los notables lo **saqué en marzo.**
Y el otro notable lo **he sacado** en **este** último examen.

Además, esta división suele ir señalada con adverbios u otras expresiones: **hoy, ayer, este mes, el mes pasado,** etc.

El **año pasado estuve** en Sevilla de vacaciones.
Rosa **ha estado** de vacaciones **este verano** en Sevilla. Le **ha encantado.**

Aunque en muchas ocasiones el hablante no dice de manera explícita a qué momento del tiempo se refiere; lo da por supuesto.

Estuve dos trimestres en la Universidad de Sevilla.
(La experiencia pertenece a un pasado ya concluido: Entonces aprendí español.)

He estudiado dos trimestres en Sevilla.
(La experiencia pertenece a un pasado que forma parte del presente: Y ahora voy a matricularme en Zaragoza.)

USOS DEL GERUNDIO

■ El Gerundio responde muchas veces a la pregunta "¿cómo?". Puede tener varios matices.

Viajó a Lisboa **pasando** por Madrid.   *(UNA MANERA O MODO)*
Cenan siempre **viendo** la tele.   *(UNA ACCIÓN SIMULTÁNEA)*
Aprenderás mejor **hablando** mucho.   *(UNA CONDICIÓN)*

■ Con la construcción **llevar** + Gerundio, se expresa duración.

Lleva dos años **estudiando** español.

■ Con **estar** + Gerundio, se expresa una acción en proceso.

Los niños **están cantando.**

Atención:
Para expresar los dos primeros usos, pero en sentido negativo, usamos la construcción **sin** + Infinitivo.

> Aprendí ruso casi **sin estudiar**.
> Habla **sin mirarte** a los ojos.
> Llevo un año **sin estudiar** español.

PERFECTO / INDEFINIDO DE **ESTAR** + GERUNDIO

■ Usamos estas formas para referirnos a una actividad que ya ha finalizado. Esta actividad se presenta como información principal, no como circunstancia de otro acontecimiento.

> Hoy **he estado trabajando** hasta muy tarde.
> Ayer **estuvimos visitando** el museo de cera.
> **Estuve leyendo** una novela.

■ Estas construcciones suelen llevar (o puede sobreentenderse) un complemento que indica una determinada duración, pero no uno que indique un momento puntual.

> Ayer **por la tarde** estuvimos visitando el museo de cera.
> Ayer **de cinco a siete** estuvimos visitando el museo de cera.
>
> Ayer **a las cinco** ~~estuvimos visitando~~ el museo de cera.

CONSEJOS Y SOLUCIONES

Lo que tiene/s que hacer es hablar / leer más en español.

¿Por qué no   intenta(s) hacer frases más cortas? / lee(s) más en español?

Intenta/e   hacer frases más cortas.
Procura/e   leer más en español.

VALORAR ACTIVIDADES

Estudiar gramática **me parece** pesado. **Me resulta** muy útil **leer**.	*INFINITIVO*
El trabajo en grupo **me parece** divertido. **Encuentro** aburrida la política.	*SUSTANTIVO SINGULAR*
Estos ejercicios **me parecen** muy buenos. **Encuentro** muy raras **algunas** actividades.	*SUSTANTIVO PLURAL*
Lo que más me gustó fue el flamenco. **Lo que menos me gustó fue** la corrida de toros.	*SUSTANTIVO SINGULAR*
Lo que más me gustó fueron las clases de flamenco. **Lo que menos me gustó fueron** los toros.	*SUSTANTIVO PLURAL*

gente y comunicación

SENSACIONES, SENTIMIENTOS Y DIFICULTADES

Noto que
Veo que
Me doy cuenta de que

INDICATIVO
los demás no me **entienden**.

Me canso de
Me resulta fácil / difícil / aburrido
Me cuesta

INFINITIVO
hacer ejercicios de gramática.
pronunciar la erre.
aprender vocabulario.
leer en español.

Me da miedo

INFINITIVO
cometer errores.

EXPRESIONES ÚTILES EN EL AULA

Perdona/e,
Por favor,

¿en qué página está eso?
¿en qué ejercicio?
¿en qué párrafo / columna / línea?
¿qué significa esta palabra / expresión?
¿es correcto decir "soy soltero"?
¿cómo has dicho: Valencia **o** Palencia?
¿Vigo **se escribe con** uve **de** Venecia?
¿vago **y** perezoso **significan lo mismo?**
¿cuándo se usa el Gerundio?

¿puede/s
repetir eso que has dicho? **No lo he entendido bien.**
hablar más despacio?
escribirlo en la pizarra?
traducir eso?

Eso que ha dicho Walter **me parece muy importante.**

EXPRESIONES CON PREPOSICIONES

tener problemas	con para de	**Tengo problemas con** los verbos. **Tengo problemas para** recordar las formas. **Tengo problemas de** salud.
estar interesado **en** tener confianza **en** fijarse **en**		**Estoy** muy **interesado en** la historia de las lenguas. **Tengo** mucha **confianza en** su capacidad de aprender. **¿Te has fijado en** lo que pone aquí?
interesarse **por**		**Se interesa** mucho **por** la arqueología.
estar dispuesto **a** estar atento **a** prestar atención **a** aprender **a**		**Estoy dispuesto a** oír sus opiniones. No **está atento a** lo que hace. Nunca **presta atención a** lo que dicen en clase. **Aprendió a** andar de muy pequeño, a los nueve meses.
darse cuenta **de** tratar **de** cansarse **de**		**Se ha dado cuenta de** que te reías. **Trata de** estudiar un poco más. Yo **me he cansado de** decirle que deje de molestarnos.
hacerse un lío **con**		Yo **me hago un lío con** el Subjuntivo.

Trata de olvidarme, nuestro amor es imposible.

¡No¡ Por ti estoy dispuesto a todo.

VALORAR Y DESCRIBIR UN ESPECTÁCULO O UN PRODUCTO CULTURAL

- ¿Has visto *Los lunes al sol*?
- ¿Has leído *La Regenta*?
- ¿Has oído este disco?

○ Sí, está muy bien.	○ Sí, no está muy bien.

○ Sí, me encantó.
  me gustó muchísimo.
	○ Sí, no me gustó nada.
	  me pareció algo aburrido/a.

○ Sí, es genial.
  fantástico/a.
  extraordinario/a.
	○ Sí, es horrible.
	  horroroso/a.

○ Sí, es buenísimo/a.
  divertidísimo/a.
	○ Sí, es malísimo/a.
	  aburridísimo/a.

○ Sí, es una maravilla.	○ Sí, es un desastre. un rollo.
○ Sí, es muy bueno/a.	○ Sí, es muy malo/a.
○ ~~Sí, es muy bien.~~	○ ~~Sí, es muy mal.~~

Está muy bien.

Es un tipo de	cine teatro música ...	**que**	no soporto. no me interesa. no me dice nada.

No soporto No me interesa No me dice nada	**ese tipo de**	películas. teatro. novelas. ...

Mmmmmmm....
Está muy bueno.

 Atención:
Para valorar espectáculos, libros, etc., que vimos o leímos en el pasado usamos, en general, los verbos **gustar**, **encantar** y otros en Indefinido.

- ¿Qué tal la "peli" de anoche?
- ○ No **me gustó** nada.

- ¿Acabaste aquella novela?
- ○ Sí, pero **me pareció** algo aburrida.

SUPERLATIVOS EN -ÍSIMO/A

ADJETIVO SIN LA VOCAL FINAL **+ ísimo/a/os/as**

bueno	➡ buenísimo		divertido	➡ divertidísima
interesante	➡ interesantísimos		malo	➡ malísimas

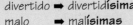

~~muy~~ buenísimo

Es interesantísimo.

gente que lo pasa bien

GÉNEROS DE CINE, TELE...

Es una comedia / un thriller / una película policíaca.
Es una película de acción / de terror / de aventuras / de ciencia ficción / del oeste.

El director es Almodóvar. = **Es una película de** Almodóvar.
La directora es Icíar Bollaín. = **Es una película de** Icíar Bollaín.

El protagonista es Gael García Bernal.
La protagonista es Cameron Díaz.

Sale Cecilia Roth.

Trata de una chica que se enamora de... = **Va de** una chica que se enamora de...

PONERSE DE ACUERDO PARA HACER ALGO

■ Preguntar a los demás.

¿Adónde podemos ir?
¿Adónde te/le/os/les gustaría ir?
¿Qué te/le/os/les apetece hacer?

■ Proponer.

¿**Por qué no** vamos al cine?
¿**Y si** vamos a cenar por ahí?
¿**Te/os/le/les apetece** ir a tomar algo?
Podríamos ir al cine.

Me apetece dar un paseo.
Me gustaría dar una vuelta.

■ Aceptar.

Vale, de acuerdo.
Buena idea. Me apetece mucho.
Perfecto.
Muy bien.

■ Excusarse.

Es que { hoy / esta noche / el lunes / a las diez } { no me va (nada /muy) bien. / no puedo. }

¿Por qué no vamos al cine el sábado?

Este sábado no puedo. Tengo mucho trabajo.

 Atención:
A diferencia de otras lenguas, en español normalmente no se usa el Condicional de **gustar** y de verbos similares para aceptar una invitación, sino que suele ser el comienzo de una excusa.

Me gustaría, pero... no puedo.
Me encantaría, pero... es que estoy muy liado.

■ Concertar una cita.

¿Cómo quedamos?

¿A qué hora { quedamos?
¿Dónde { nos vemos?

¿Quedamos en mi hotel?
¿Te/os/le/les va bien delante del cine?
el sábado a las seis?

¿Qué **tal** el martes?
a las diez?

■ **Ir bien / mal, venir bien / mal.**

(A mí)		me		muy bien.
(A ti)		te		bien.
(A él, ella, usted)		le		mal.
(A nosotros/as)	el lunes	nos	va / viene	muy mal.
(A vosotros/as)		os		fatal.
(A ellos, ellas, ustedes)		les		

■ Proponer otro lugar u otro momento.

(Me iría) mejor { un poco más tarde.
Preferiría { por la tarde.

■ Hablar de una cita.

He quedado con María **a** las 3h **en** su hotel **para** ir al Prado.

APETECE/N

■ **Apetecer** se construye con la serie de pronombres
me/te/le/nos/os/les y funciona como **gustar.**

Me apetece ir a cenar fuera.   *INFINITIVO*
¿Te apetece un café?   *SUSTANTIVO SINGULAR*
¿Le apetecen unos dulces?   *SUSTANTIVO PLURAL*

■ Otros verbos del mismo tipo que **gustar** y **apetecer** son:

ENTUSIASMAR   A mí **me entusiasma** la danza contemporánea.
ENCANTAR   A Pedro **le encanta** correr.
APASIONAR   A mis padres **les apasiona** la ópera italiana.
FASCINAR   No comprendo por qué **te fascina** tanto ese actor.

¿Les apetece tomar algo?

A mí no, gracias.

A mí tampoco.

ACONTECIMIENTOS: LUGAR Y TIEMPO

Para situar acontecimientos sociales (fiestas, espectáculos, reuniones, etc.) en
el espacio y en el tiempo se usa el verbo **ser.**

El concierto **es** en el Teatro Real.   El partido **es** a las 8h.

QUEDAR/SE

■ **QUEDARSE** (= no moverse de un lugar).

Me **quedo** en casa.
Quédate un rato más.

■ **QUEDAR** (= citarse).

¿**Quedamos** a las 6h?
He **quedado** con María para ir al cine.

■ **QUEDA(N)** (= todavía hay).

En la nevera **quedan** tres cervezas.
¿**Queda** algo de pan?

■ **Me/te/le/nos/os/les... QUEDA(N)** (= todavía tengo/tienes/tiene...).

Todavía **me quedan** diez días de vacaciones.
¿**Te queda** algo de dinero?

*Me voy,
he quedado con
unas amigas.*

*Yo me
quedo aquí.*

FRECUENCIA Y HABITUALIDAD

(Todos) los lunes / martes/...
Muchas veces
A menudo
A veces

Normalmente, los lunes / martes/...
Generalmente, por la mañana / tarde/...

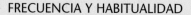

voy a nadar / salgo con Lucía /...

SITUAR A LO LARGO DEL DÍA

por la mañana
 la tarde
 la noche

durante la mañana
 la tarde
 la noche

a mediodía

a la hora de la comida
 del desayuno
 de la merienda
 de la cena

antes de
después de { *comer*
cenar
irse a la cama }

ESTADO FÍSICO Y SALUD

■ Preguntas.

¿Cuál es su/tu grupo sanguíneo?　　　¿Es/eres alérgico a algo?
¿Ha/s tenido alguna enfermedad?　　　¿Lo/la/te han operado alguna vez?
¿De qué lo/la/te han operado?　　　　¿Toma/s algún medicamento?
¿Cuánto mide/s?　　　　　　　　　　¿Cuánto pesa/s?
¿Cómo se/te encuentra/s?　　　　　　¿Qué le/te pasa?

■ Describir estados.

Estoy/estás/está...　cansado/a.
　　　　　　　　　　enfermo/a.
　　　　　　　　　　mareado/a.
　　　　　　　　　　resfriado/a.
　　　　　　　　　　....

Me/te/le... duele　　la cabeza.
　　　　　　　　　　el estómago.
　　　　　　　　　　una muela.
　　　　　　　　　　aquí.
　　　　　　　　　　...

Me/te/le... duelen　los ojos.
　　　　　　　　　　los pies.
　　　　　　　　　　...

Tengo/tienes/tiene...　un resfriado.
　　　　　　　　　　　una indigestión.
　　　　　　　　　　　la gripe.
　　　　　　　　　　　diarrea / paperas / anginas/...

Tengo/tienes/tiene... **dolor de**　muelas.
　　　　　　　　　　　　　　　　cabeza.
　　　　　　　　　　　　　　　　barriga.

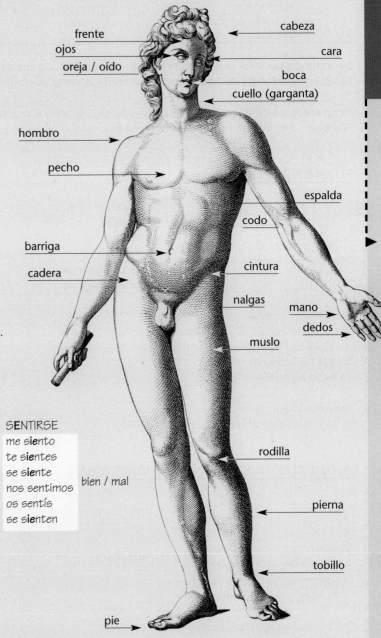

frente
ojos
oreja / oído
cabeza
cara
boca
cuello (garganta)
hombro
pecho
espalda
codo
barriga
cadera
cintura
nalgas
mano
dedos
muslo
rodilla
pierna
tobillo
pie

	ENCONTRARSE		SENTIRSE	
(yo)	me encuentro		me siento	
(tú)	te encuentras		te sientes	
(él, ella, usted)	se encuentra	bien / mal	se siente	bien / mal
(nosotros/as)	nos encontramos		nos sentimos	
(vosotros/as)	os encontráis		os sentís	
(ellos/as, ustedes)	se encuentran		se sienten	

■ Hablar de la medicación.

Tomo　unas pastillas para el insomnio.
　　　un jarabe para la tos.

Me pongo　unas inyecciones para la anemia.
　　　　　unos supositorios para la fiebre.
　　　　　unas gotas para el oído.
　　　　　una pomada para el acné.

ARTÍCULOS

Para referirnos a las partes del cuerpo o a objetos personales, generalmente no usamos los posesivos sino los artículos, muchas veces acompañados de pronombres personales.

Se ha roto **la** mano.	~~Ha roto su mano.~~
¿Te duele **el** oído?	~~¿Te duele tu oído?~~
Se ha dejado **el** bolso.	~~Ha dejado su bolso.~~
Me he puesto **el** reloj nuevo.	~~Ha puesto **mi** reloj nuevo.~~

TÚ IMPERSONAL

La segunda persona puede tener en español un sentido impersonal. Puede ser también una forma de hablar indirectamente de uno mismo, sin decir "yo".

Si **comes** demasiado, **engordas**. (= cualquier persona, todo el mundo)
Trabajas como un animal todo el día y nadie **te** lo agradece. (= me pasa a mí)

RECOMENDACIONES

IMPERSONALES

Cuando se tiene la tensión alta, no
Si se tiene la tensión alta, no

{ se debe
hay que
conviene
es conveniente
es aconsejable

tomar sal.

PERSONALES

Si tienes la tensión alta, **no tomes** sal.

Yo que tú, tomaría menos sal.
Yo en tu lugar, iría al médico.

Deberías tomar menos sal.
Yo creo que **te vendría bien** comer más verdura.

> Deberías dejar de fumar. Y yo que tú, iría al médico, no tienes buena cara.

PODER (RECOMENDACIONES Y ADVERTENCIAS)

	PODER	
(yo)	**pue**do	
(tú)	**pue**des	
(él, ella, usted)	**pue**de	+ *INFINITIVO*
(nosotros/as)	podemos	
(vosotros/as)	podéis	
(ellos, ellas, ustedes)	**pue**den	

Ponte una chaqueta. **Puedes resfriarte.**
Podéis tomar unas hierbas. Os sentarán bien.
Algunos deportes **pueden ser** peligrosos para el corazón.

EL IMPERATIVO

FORMAS REGULARES

	TOMAR		BEBER		VIVIR	
(tú)	toma	no tomes	bebe	no bebas	vive	no vivas
(usted)	tome	no tome	beba	no beba	viva	no viva

Atención:

Los Imperativos afirmativos de **usted** y las formas negativas, tanto de **tú** como de **usted**, son siempre como las formas correspondientes del Presente de Subjuntivo.

Para pedir que otros no realicen acciones, el Imperativo puede resultar agresivo y solo se usa en situaciones muy informales o suavizado por otras expresiones.

> Por favor, perdone, **no se siente** ahí. Esa silla está rota.
> Carlitos, **no comas** tan deprisa...

FORMAS IRREGULARES

HACER	(tú)	**haz**	no **hagas**
	(usted)	**haga**	no **haga**
PONER	(tú)	**pon**	no **pongas**
	(usted)	**ponga**	no **ponga**
SER	(tú)	**sé**	no **seas**
	(usted)	**sea**	no **sea**
IR	(tú)	**ve**	no **vayas**
	(usted)	**vaya**	no **vaya**
VENIR	(tú)	**ven**	no **vengas**
	(usted)	**venga**	no **venga**
TENER	(tú)	**ten**	no **tengas**
	(usted)	**tenga**	no **tenga**
SALIR	(tú)	**sal**	no **salgas**
	(usted)	**salga**	no **salga**
DECIR	(tú)	**di**	no **digas**
	(usted)	**diga**	no **diga**

Vete, que llegas tarde.

¡No, espera, no te vayas todavía! Toma este paquete.

■ Posición de los pronombres.

Al contrario de lo que pasa con el Imperativo afirmativo, en la forma negativa, los pronombres OD, OI y reflexivos se colocan antes del verbo.

Dí**selo** todo a Luisa.
Esas pastillas, tóma**las** en ayunas.
Póng**ase** ya la chaqueta.

No **le** digas nada a Luisa.
Esas pastillas, no **las** tomes en ayunas.
No **se** ponga la chaqueta todavía.

¿Me la dejas?

Vale, pero cuídamela bien.

gente sana

■ Usos del Imperativo negativo.

Se usa fundamentalmente para recomendaciones, advertencias y consejos.

No fumes tanto, que tienes mucha tos.
No salgas ahora, que hay mucho tráfico.

ADVERBIOS EN -MENTE

ADJETIVO FEMENINO + **mente**

moderada ⟶ moderada**mente**
excesiva ⟶ excesiva**mente**
especial ⟶ especial**mente**
frecuente ⟶ frecuente**mente**

Atención:
No siempre coincide el significado del adverbio con el del adjetivo del que procede. Algunos adverbios sirven para organizar el discurso.

Yo, **personalmente,** pienso que eso no es verdad.
(≠ de forma personal. Refuerza la idea de que el hablante se refiere únicamente a la propia opinión.)

Hola, Juan, **precisamente** estábamos hablando de ti.
(≠ de forma precisa. Se refiere a la coincidencia del tema de la conversación con otro tema, en este caso la llegada de Juan.)

Seguramente iré de vacaciones a París.
(≠ de forma segura. Indica probabilidad.)

Ah, eres tú, **justamente** quería llamarte.
(≠ de forma justa. Indica la coincidencia del tema de la conversación con otro tema.)

CONECTORES

■ Contraponer ideas.

La nicotina tiene efectos nocivos. **Sin embargo** muchas personas fuman.
A pesar de que el tabaco es peligroso, mucha gente no puede dejarlo.
Aunque los médicos se lo han prohibido, mi padre sigue fumando.

■ Expresar la causa.

El hablante expresa la causa dando por supuesto que el interlocutor comparte la idea de relación causa-efecto.

Mucha gente lucha contra el tabaco **ya que** sabe que es peligroso.
Como el tabaco es peligroso, mucha gente lucha por dejarlo.

El hablante presenta la causa como información nueva.

Muchos fumadores luchan contra el tabaco **porque** saben que es peligroso.

DESCRIBIR OBJETOS

una maleta   **pequeña**   (ADJETIVO)

          sin ruedas   (PREPOSICIÓN + NOMBRE)
          de tela
          con cerradura
          para una chica joven

          para regalar   (PREPOSICIÓN + INFINITIVO)

          que pesa/e muy poco   (QUE + VERBO CONJUGADO)

■ Forma y material.

	ADJETIVO		DE + NOMBRE
un objeto / una figura	**alto/a**	una lámpara **de**	tela
	bajo/a		cuero
	largo/a		plástico
	alargado/a		madera
	redondo/a		cristal
	ovalado/a		acero
	cuadrado/a		metal
	plano/a		piel
	triangular		papel

■ Partes y componentes.

una maleta **con** ruedas (= que tiene ruedas)

■ Utilidad.

Sirve para cocinar.
Se usa para freír.
Lo usan los cocineros.

Es un aparato **con el que** se puede rallar queso.
Es una cosa **en la que** se puede poner mantequilla.
Son unos aparatos **sin los que** no podríamos trabajar.
Son unas máquinas **a las que** les puedes conectar una batería.

■ Funcionamiento.

Se enchufa a la corriente.
Se abre solo/a.

Va con   ⎰ pilas.
Funciona con ⎱ gasolina.
          energía solar.

Es una cosa
con la que puedes hablar con
otras personas. Es de plástico
y puede ser de muchos
colores.

¡Un teléfono!

■ Propiedades.

(No) se puede   comer.
          doblar.
          romper.

EL PRESENTE DE SUBJUNTIVO

REGULARES		*IRREGULARES*				
-AR	**-ER/-IR**	**O/UE**	**E/IE**			
HABL**AR**	VIV**IR**	POD**ER**	QUER**ER**	HABER	SER	IR
habl**e**	viv**a**	p**ue**da	qu**ie**ra	**hay**a	**se**a	**vay**a
habl**es**	viv**as**	p**ue**das	qu**ie**ras	**hay**as	**se**as	**vay**as
habl**e**	viv**a**	p**ue**da	qu**ie**ra	**hay**a	**se**a	**vay**a
habl**emos**	viv**amos**	podamos	queramos	**hay**amos	**se**amos	**vay**amos
habl**éis**	viv**áis**	podáis	queráis	**hay**áis	**se**áis	**vay**áis
habl**en**	viv**an**	p**ue**dan	qu**ie**ran	**hay**an	**se**an	**vay**an

El Presente de Subjuntivo de muchos verbos irregulares tiene la misma raíz que la primera persona del Presente de Indicativo:

		INDICATIVO	*SUBJUNTIVO*
TENER	(yo)	**teng**o →	**teng-**
PONER	(yo)	**pong**o →	**pong-**
DECIR	(yo)	**dig**o →	**dig-**
HACER	(yo)	**hag**o →	**hag-**
SALIR	(yo)	**salg**o →	**salg-**
VENIR	(yo)	**veng**o →	**veng-**

CONTRASTE INDICATIVO / SUBJUNTIVO EN FRASES RELATIVAS

■ Cuando describimos cosas o a personas concretas, que conocemos o que sabemos que existen, usamos el verbo en Indicativo.

Estoy buscando una maleta que **tiene** cerradura, **es** verde y azul y **pesa** muy poco. La he perdido en esta estación.
(= conozco esa maleta y quiero esa, no otra, aunque sea igual)

Quiero trabajar con una actriz que **es** rubia y que **toca** el piano.
(= conozco a esa actriz; no necesito que sea rubia ni que toque el piano, solo la estoy describiendo)

No quiero ese coche que **gasta** tanta gasolina.
(= podemos decir la marca y el modelo del coche)

■ En cambio, cuando describimos las características de cosas o de personas desconocidas, no concretas, hipotéticas, usamos el Subjuntivo.

Estoy buscando una maleta que **tenga** cerradura y que **pese** poco. Que **sea** de color azul o verde. Es para regalársela a mi hija.
(= no hablo de una maleta concreta, estoy describiendo las características de una maleta que quiero regalar)

Quiero trabajar con una actriz que **sea** rubia y que **toque** el piano.
(= no hablo de una actriz concreta, necesito una que tenga esas características: que sea rubia y que toque el piano)

No quiero un coche que **gaste** tanta gasolina.
(= ninguno que gaste mucha gasolina)

Quiero un televisor que tenga buena definición de pantalla y que cueste menos de 300 euros.

Bueno, tengo uno que cuesta 350 euros y que tiene muy buena definición.

FRASES RELATIVAS CON PREPOSICIÓN

Las frases de relativo pueden llevar preposiciones (**en, de, con, por**...). En ese caso se construyen con el artículo definido, que concuerda en género y en número con el nombre.

un móvil **con el que**
unos móviles **con los que** } puedo / pueda entrar en Internet

una carretera **por la que**
unas carreteras **por las que** } pasan / pasen muchos coches

algo **con lo que** pueda escribir

PRONOMBRES ÁTONOS (OBJETO DIRECTO, OBJETO INDIRECTO)

Cuando un elemento ya ha sido mencionado, o ya es conocido por los interlocutores, lo colocamos al principio de la frase, antes del verbo. Cuando el OD se anticipa así, aparece también el pronombre correspondiente.

● Mira, vino y cerveza...

○ La cerveza **la** pones en la nevera.

● ¿Y los pasteles?

○ Los pasteles **los** trae Manuel.

> Las puertas las puedes pintar de azul, y las ventanas las dejas como están.

 Atención:
Esto no sucede cuando el OD va sin artículo o demostrativo, es decir, cuando tiene valor genérico.

● ¿Tienes cámara de vídeo, o de fotos?
○ Cámara de vídeo no tengo. De fotos, sí.

El pronombre de OI también aparece cuando el OI va antes del verbo. En español hablado, además, el pronombre de OI suele aparecer también cuando el OI va después del verbo.

A Jaime **le** di la factura y a María **le** envié el recibo.
Le di la factura a Jaime y **le** envié el recibo a María.

SE: IMPERSONALIDAD, INVOLUNTARIEDAD

(FUNCIONAMIENTO, INSTRUCCIÓN)
Se aprieta este botón, **se** gira esta palanca y ya está.
Se dobla por la mitad y **se** hace un corte.

(PROCESOS QUE OCURREN SIN INTERVENCIÓN DE LAS PERSONAS)
Estas copas **se** rompen muy fácilmente.
La calefacción **se** pone en marcha automáticamente.

(PROCESOS QUE LE OCURREN A ALGUIEN SIN SU VOLUNTAD)
Perdona, **se me** ha caído al suelo y **se me** ha roto.
Al niño **se le** ha cerrado la puerta y nos hemos quedado fuera sin llave.

> Se enchufa y se aprieta el botón verde.

> ¿Y ya está?

> Sí, se enciende automáticamente.

gente de novela

EL PRETÉRITO IMPERFECTO

REGULARES

	-AR HABL**AR**	-ER TEN**ER**	-IR VIV**IR**
(yo)	habl**aba**	ten**ía**	viv**ía**
(tú)	habl**abas**	ten**ías**	viv**ías**
(él, ella, usted)	habl**aba**	ten**ía**	viv**ía**
(nosotros/as)	habl**ábamos**	ten**íamos**	viv**íamos**
(vosotros/as)	habl**abais**	ten**íais**	viv**íais**
(ellos, ellas, ustedes)	habl**aban**	ten**ían**	viv**ían**

IRREGULARES

	SER	IR	VER
(yo)	**era**	**iba**	**veía**
(tú)	**eras**	**ibas**	**veías**
(él, ella, usted)	**era**	**iba**	**veía**
(nosotros/as)	**éramos**	**íbamos**	**veíamos**
(vosotros/as)	**erais**	**ibais**	**veíais**
(ellos, ellas, ustedes)	**eran**	**iban**	**veían**

USOS DEL PRETÉRITO IMPERFECTO

■ Describir el contexto en el que sucede el hecho que relatamos: la hora, la fecha, el tiempo, el lugar, las personas que hablan o de las que se habla, la existencia de cosas en torno al hecho que relatamos, etc.

> **Eran** las doce de la noche cuando llegó la policía.
> Cuando Palomares entró en el hotel, en la recepción no **había** mucha gente.

■ Expresar contraste entre el estado actual y estados anteriores.

> Antes **viajaba** mucho.
> (= ahora no tanto)

> Mi vecino antes **estaba** muy gordo.
> (= ahora está menos gordo)

■ Describir hábitos y costumbres del pasado.

> De pequeños **íbamos** todos los domingos de excursión.
> Cuando vivía en Málaga **iba** mucho a la playa.

■ Contar la información u opinión que se tenía antes de recibir una información que la desmiente o contradice. A veces expresa sorpresa o sirve para razonar una disculpa.

> Yo **creía** que Ana **estaba** casada.
> Yo no **sabía** que la reunión **era** a las cuatro.
> ¿Ah, sí? ¿Eli se ha casado? No **tenía** ni idea.
> Perdona, es que **creía** que no **ibas** a venir.

CONTAR HISTORIAS. CONTRASTE INDEFINIDO / IMPERFECTO

■ Una historia es una sucesión de hechos, que relatamos usando el Indefinido o el Perfecto. Con cada hecho del que informamos, la historia progresa.

Se acostó pronto. **Tardó** mucho en dormirse. A las 7.15 **sonó** el despertador. No lo **oyó**. A las 7.45 lo **llamaron** por teléfono; esta vez sí que lo **oyó**. **Respondió**. **Se levantó** enseguida y...

■ En cada hecho podemos detenernos para explicar cosas que lo rodean. Lo hacemos usando el Imperfecto o el Pluscuamperfecto. Entonces, la historia no progresa sino que su núcleo se expande.

Aquel día **había trabajado** mucho y **estaba** muy cansado; por eso se acostó pronto. Pero tardó mucho en dormirse: **tenía** muchos problemas y no **podía** dejar de pensar en ellos. A las 7.15 sonó el despertador...

■ El Pretérito Indefinido presenta la información como un acontecimiento.

Ayer Ana **fue** a una tienda y **se compró** una falda. Luego **volvió** a casa en taxi.

■ El Pretérito Imperfecto presenta la información como una circunstancia que envuelve otro acontecimiento.

Ayer Ana fue de compras y se compró unos zapatos. **Hacía** tiempo que no **se compraba** unos zapatos.

Ayer fui con Ana de compras. Mientras **se compraba** unos zapatos yo aproveché para darme una vuelta por la sección de discos.

Cuando **volvía** a casa en taxi, se dio cuenta de que había olvidado el bolso.

Pepa y yo estudiamos de 9 de la mañana a 10 de la noche y no sirvió de nada: suspendimos las dos.

Pues yo estudié muy poco y saqué un 10.

EVOCAR CIRCUNSTANCIAS

■ Las circunstancias de un hecho pueden ser de muy diverso orden:

Estaba cansado y se acostó pronto.
(Causa – efecto)

Se levantó tarde; por la ventana **entraba** ya la luz del día.
(Condiciones del contexto espacial)

Salió a la calle. **Eran** las nueve de la noche.
(Contexto temporal).

■ Y una misma circunstancia puede expresarse de formas distintas, en cuanto al orden de las frases y en cuanto a las partículas de unión:

Se acostó pronto. **Estaba** cansado.
Se acostó pronto porque **estaba** cansado.
Estaba cansado y **se acostó** pronto.

EL PRETÉRITO PLUSCUAMPERFECTO

		-AR TRABAJAR	-ER COMER	-IR SALIR
(yo)	había			
(tú)	habías			
(él, ella, usted)	había	trabaj**ado**	com**ido**	sal**ido**
(nosotros/as)	habíamos			
(vosotros/as)	habíais			
(ellos, ellas, ustedes)	habían			

El Pluscuamperfecto sirve para hacer referencia a circunstancias y a acciones pasadas, anteriores a otro hecho pasado.

Se despertó fatal...
{
CIRCUNSTANCIAS ANTERIORES
Había dormido muy mal.
Una tormenta no la **había dejado** dormir.

CIRCUNSTANCIAS SIMULTÁNEAS
No se **sentía** nada bien.
Tenía mucho dolor de cabeza.
}
... se levantó y se fue a la ducha.

IMPERFECTO DE **ESTAR** + GERUNDIO

■ Usamos esta estructura cuando queremos hacer referencia a una acción en desarrollo que sirve de marco a la información principal.

Estaba trabajando cuando escuché la noticia en la radio.

● Yo, señor Comisario, **estaba durmiendo** cuando desapareció Cristina.
○ ¿Y había alguien más en casa?
● Sí, mis hijos, que **estaban estudiando**.

■ También se puede usar esta construcción con otros verbos **(ir/venir)**, sobre todo si se trata de una actividad realizada en movimiento.

Estábamos dando un paseo cuando vimos a Carmen. **Venía hablando** con unas amigas.

● Ayer por la tarde pasaste por mi lado y no me dijiste nada. A las 7h, frente a Correos.
○ Perdona. No te vi. Seguro que **iba pensando** en mis cosas.

SITUAR UN RELATO EN EL TIEMPO

MOMENTO YA MENCIONADO
en aquel momento   **en aquella** época   **a aquella** hora   **aquel** día   **aquella** semana

Aquel día salí muy pronto de mi casa para ir a trabajar.

MOMENTO ANTERIOR

un rato / tres horas / unos días /... **antes**   el día / el mes / el año / la noche/... **anterior**

Unos días **antes** le llamaron para entrevistarle. La noche **anterior** no pudo dormir.

MOMENTO POSTERIOR

al **cabo de** un rato / una hora / varios días/...
un rato / una hora / varios días... **más tarde / después**
el día / el mes / el año / la noche /... **siguiente**

Al **cabo de** un rato, los ladrones salieron corriendo. **Más tarde** les detuvo la policía.

DURACIÓN

de ... a   **De** nueve **a** doce estuvimos estudiando en casa de Andrés.
desde ... hasta   **Desde** las siete **hasta** las once estuve viendo la tele.

toda la noche / la tarde / la semana   **todo el día / el año / el verano**

Hemos estado **todo el año** esperando un aumento de sueldo.

durante   El verano pasado estuve viviendo en España **durante** tres meses.

> Ayer por la tarde estuvimos tomando unas copas por el centro.
>
> ¿Y después?
>
> Hacia las 8 volvimos al hotel.

! Atención:
Muchas veces no se usa ninguna partícula para expresar duración.

Estuve viviendo en Cuba dos meses.   Estuve viviendo en Cuba ~~para~~ dos meses.

RESALTAR UN ELEMENTO

Podemos completar o corregir una información con un elemento nuevo, resaltándolo con el verbo **ser** y luego con la partícula correspondiente (de lugar, de tiempo...).

Es en Madrid **donde** se celebra la boda.   **Es** por allí **por donde** pasaremos.
Fue en diciembre **cuando** terminó la carrera.   **Será** ella **quien** tendrá que decírtelo.
Es así **como** tienes que expresarte.   **Fue** por Olga **por quien** vino a Bilbao.

CONTRADECIR UNA INFORMACIÓN

● Ayer por la tarde hubo una manifestación en Madrid.
○ No fue por la tarde, fue por la noche.
  ¿Por la tarde? ¡No! Fue por la noche.
  No, no fue por la tarde cuando hubo la manifestación. Fue por la noche.

> ¿Cuando llegaste a casa, tus padres estaban despiertos?
>
> ¡Qué va! Llegué tan tarde que todo el mundo ya se había ido a dormir.

NO... SINO / NO... PERO

■ **No... sino** corrige informaciones o suposiciones erróneas.

  No estuvo en mi casa **sino** en la de Ana.   **No** fue el domingo ~~pero~~ el lunes.

■ **No... pero** sirve para negar la información errónea y añadir otros datos no contrapuestos.

  No estuvo en mi casa, **pero** me llamó por teléfono.

gente con ideas

EXPRESAR FUTURO

■ El Futuro de Indicativo se usa para hablar propiamente del futuro, de situaciones o de acontecimientos futuros que se presentan sin relación con el momento presente.

Mañana **lloverá** en la parte sur del país.
A partir de hoy **tendremos** un servicio nocturno.

FUTUROS REGULARES

		-é
		-ás
HABLAR	hablar	-á
LEER	leer	-emos
ESCRIBIR	escribir	-éis
		-án

FUTUROS IRREGULARES

TENER	tendr	
SALIR	saldr	-é
VENIR	vendr	-ás
PONER	pondr	-á
DECIR	dir	-emos
HACER	har	-éis
CABER	cabr	-án
HABER	habr	
SABER	sabr	

■ Usamos la perífrasis **ir a** + Infinitivo cuando queremos relacionar el futuro con el momento presente. La acción futura se presenta como una intención, un proyecto o una previsión. Podemos decir que entre **comeré** y **voy a comer** existe una relación semejante a la que se da entre **comí** y **he comido**.

Vamos a organizar un viaje. ¿Quieres participar?
Voy a hacer lo que me pide, pero no lo veo claro.

■ Usamos el Presente de Indicativo para expresar futuro, normalmente junto con expresiones del tipo **ahora mismo, enseguida** o **en un momento**. En estos casos el futuro se vincula al presente por diversas razones.

Ahora mismo **voy**.
Enseguida le **atiendo**.   *(HECHO PRESENTADO COMO INMEDIATO)*
Vuelvo en un minuto.

¿Qué **hacéis** mañana?   *(HECHO PRESENTADO COMO*
El año que viene **me caso**.   *RESULTADO DE UNA DECISIÓN)*

Este año Semana Santa **es** en marzo.   *(PARTE DE UN CICLO*
Mañana miércoles **está** cerrado.   *QUE SE REPITE)*

¿Qué vas a hacer esta tarde?

Me quedaré en casa. A las 5 ponen una peli muy buena en la tele.

Futuro de Indicativo ● ¿Le has dicho ya a Fernández lo que ha pasado? ○ No. Se lo **diré** esta tarde.	*HECHOS OBJETIVOS*
Ir a + Infinitivo ● ¿Le has dicho ya a Fernández lo que ha pasado? ○ No. Ni se lo he dicho ni se lo **voy a decir.**	*INTENCIONES*
Presente de Indicativo ● Deberías hablar con Fernández. ○ Vale. Mañana se lo **explico** todo.	*DECISIONES*

DONDE/CUANDO/COMO/TODO LO QUE... + SUBJUNTIVO

Usamos esta construcción para hacer ofrecimientos corteses y para dejar que decida nuestro interlocutor.

FUTURO	*+ SUBJUNTIVO*
Se la **llevaremos**	**a donde** nos **diga.**
Lo **vamos a hacer**	**como** tú **quieras.**
Le **mandaremos** a su casa	**todo lo que pida.**
Iré a verte	**cuando** me **digas.**

LLEVAR / LLEVARSE / TRAER

LLEVAR Trasladar algo de un sitio a otro (en la dirección de **ir**).

Llévale esto a tu madre y dáselo de mi parte.

TRAER Trasladar algo de un sitio hasta donde se encuentra el hablante (en la dirección de **venir**).

Cuando vengas a casa, **tráeme** esos discos que te dejé.

LLEVARSE Llevar consigo una cosa al abandonar un lugar (en la dirección de **irse**).

Acuérdate de **llevarte** este libro, que es tuyo.

¿Me lo traes?

Sí, te lo llevo enseguida.

CUALQUIER/A

	SUSTANTIVO SINGULAR	
cualquier	cliente	(= no importa qué cliente)
cualquier	empresa	(= no importa qué empresa)

Llámenos a **cualquier** hora, pídanos **cualquier cosa**, y se la llevaremos a **cualquier sitio**.

Cuando sustituye a un sustantivo, o va después de este, la forma es **cualquiera**.

- ¿Cuál prefieres? ¿Este o aquel?
- Cualquiera.

- ¿Cuál prefieres? ¿La grande o la pequeña?
- Cualquiera.

Eso lo encontrarás en una papelería **cualquiera**.

El plural es **cualesquiera**, pero se usa solo en un registro muy formal.

David, **cualesquiera** que sean los motivos de tu enfado, debes perdonar a tu hermano.

TODO/A/OS/AS

Todo/a/os/as va acompañado, en general, del artículo correspondiente.

	SUSTANTIVO		*VERBO*
todo el	dinero	**todo lo que**	hemos pedido
toda la	pizza	**todo lo que**	llevamos
todos los	pedidos	**todo lo que**	tenemos
todas las	botellas		

Cuando sustituyen a un sustantivo, **todo, toda, todos** y **todas** exigen el uso del correspondiente pronombre OD: **lo, la, los, las**.

¡Dios mío, se lo han llevado todo!

● ¿Y el arroz?
○ Me **lo** he comido **todo**.

● ¿Y la pizza?
○ Me **la** he comido **toda**.

● ¿Y los pollos?
○ Se **los** han comido **todos**.

● ¿Y las gambas?
○ Se **las** han comido **todas**.

SE + LO/LA/LOS/LAS

Cuando se combinan los pronombres de OI **le** o **les** con los de OD **lo, la, los, las**, se produce un cambio en los primeros, que se convierten en **se**.

● ¿Y el pollo?
○ **Se lo** traeré ahora mismo.
○ ~~Le lo~~ traeré ahora mismo.

¿La pizza se la tengo que llevar ahora o puedo dársela más tarde?

Mejor ahora.

POSICIÓN DE LOS PRONOMBRES		
	DELANTE DEL VERBO	*DETRÁS DEL VERBO*
CON INFINITIVO, GERUNDIO E IMPERATIVO AFIRMATIVO		Es necesario decír**selo** ya. Diciéndo**selo** no solucionarás nada. Decíd**selo** pronto.
CON PERÍFRASIS DE INFINITIVO O GERUNDIO	Se lo debemos decir pronto. Ahora se lo están diciendo. ¿Se lo vas a decir hoy?	Debemos decír**selo** pronto. Ahora están diciéndo**selo**. ¿Vas a decír**selo** hoy?
EN LOS DEMÁS CASOS	Se lo dije. Se las dio ayer. No **se lo** digas, por favor.	

VENTAJAS E INCONVENIENTES

lo que pasa es que...

Tienes razón, este es mejor. **Lo que pasa es que** es más caro.

el problema es que...

Tienes razón, este es mejor. **El problema es que** es más caro.

lo bueno/malo es que...

Tienes razón, este es mejor. **Lo malo es que** es más caro.
Tienes razón, este es mejor. Y **lo bueno es que** es más barato y de muy buena calidad.

EXPRESAR IMPERSONALIDAD

■ Expresamos impersonalidad con la construcción **se** + 3ª persona del singular/plural.

Cuando **se compra** un producto de calidad, **se paga** un precio mayor.
Cuando **se compran** productos de calidad, **se pagan** precios mayores.

■ Expresamos impersonalidad también con la 2ª persona del singular. Con esta construcción, el hablante se incluye o se implica en la acción. Es propia de la lengua oral.

Es una tienda en la que **puedes** elegir entre muchos modelos y **te** sale muy barato. Además, si luego no **te** va bien, lo **puedes** cambiar todo.

■ Finalmente, también podemos expresar impersonalidad con **uno** + 3ª persona del singular. Su uso es más frecuente en la lengua oral.

Cuando **uno quiere** productos de calidad, tiene que pagarlos.

Esta construcción se usa tanto en lengua oral como en lengua escrita cuando la impersonalidad se refiere a verbos reflexivos, con los que no se puede utilizar la construcción con **se**.

Cuando ~~se se~~ acuesta...

Cuando **uno se acuesta** muy tarde, el día siguiente está fatal.

¡Vaya! Una no puede dejar una caja de bombones en esta casa.

¡Es verdad! Si no los escondes, desaparecen.

LA CANTIDAD DE PERSONAS

Todo el mundo
Casi todo el mundo   trabaja por la tarde.

La mayoría de
  las personas
  los españoles   compran en grandes almacenes.
  los jóvenes

La gente
Mucha gente   quiere un servicio rápido.
No mucha gente

Casi nadie
Nadie   compra por catálogo en España.

PORCENTAJES

3%   **el** tres **por ciento** (**de** los holandeses)

7,2% **el** siete **coma** dos **por ciento** (**de** los españoles)

CUANDO + SUBJUNTIVO: EXPRESIÓN DE FUTURO

Para referirnos a una acción futura, relacionada con otra acción o estado futuros, podemos usar la construcción **cuando** + Subjuntivo.

PRESENTE DE SUBJUNTIVO
Cuando tengamos más tiempo, iremos a Argentina de vacaciones.
  (1)   (2) (1 y 2 se darán en el mismo momento)

PRETÉRITO PERFECTO DE SUBJUNTIVO
Cuando se haya acabado el petróleo, tendremos que usar otras energías.
  (1)   (2)   (1 es anterior a 2)

PRETÉRITO PERFECTO DE SUBJUNTIVO

(yo)	**haya**	
(tú)	**hayas**	
(él, ella, usted)	**haya**	termin**ado**
(nosotros/as)	**hayamos**	+ com**ido**
(vosotros/as)	**hayáis**	ven**ido**
(ellos, ellas, ustedes)	**hayan**	

Cuando tenga cuatro añitos, iré al cole con mi hermano.

ESPECULAR SOBRE EL FUTURO: GRADOS DE PROBABILIDAD

Podemos referirnos al futuro formulando hipótesis o expresando nuestras opiniones con más o menos seguridad.

Estoy seguro de que
Seguro que
Seguramente   *INDICATIVO*
Probablemente   pronto **se descubrirá** una vacuna para esa enfermedad.
Tal vez

Es probable que
Es posible que
Tal vez
No estoy seguro de que   *SUBJUNTIVO*
Dudo que   pronto **se descubra** una vacuna para esa enfermedad.
No creo que
Quizá

Yo estoy seguro de que funcionará. Segurísimo.

¿Usted cree? Yo dudo que se ponga en marcha.

Es posible que funcione, pero..., ¿para qué sirve?

RECURSOS PARA EL DEBATE

■ Presentar la propia opinión.

(A mí) me da la impresión de que
(Yo) pienso que   *INDICATIVO*
En mi opinión   Internet nos **hace** la vida más fácil.
(Yo) creo que

                            SUBJUNTIVO
(Yo) no creo / pienso/... que   Internet nos **haga** la vida más fácil.

■ Mostrar acuerdo.

Sin duda.	*(Sí), yo también lo creo.*
(Sí), claro.	*(Sí), desde luego.*
(Sí), seguro.	

■ Mostrar desacuerdo.

No, qué va.	*Pues yo no lo veo así.*
No, no, en absoluto.	*En eso no estoy (nada) de acuerdo.*
No, de ninguna manera.	*Pues yo no lo veo como* tú / usted / ellos / Jaime/...

■ Mostrar cierta duda.

(Sí), seguramente.	*¿Tú crees? / ¿Usted cree?*
(Sí), es probable.	*(Yo) no estoy (muy) seguro/a de eso.*
(Sí), puede ser.	*No sé, no sé...*

■ Contradecir en parte.

Sí, ya, pero
No sé, pero yo creo que

Tal vez sea así, pero
Puede que tengas razón, pero
Igual sí, pero

} *FRASE EN INDICATIVO*
debemos *tener en cuenta otros factores.*

■ Clarificar las opiniones, reformularlas.

No, si yo no digo que   *FRASE EN SUBJUNTIVO*
eso **sea** *falso.*

Lo que quiero decir es que   *FRASE EN INDICATIVO*
debemos *tener en cuenta otros factores.*

■ Pedir reformulaciones.

¿Lo que quieres decir es que   *FRASE EN INDICATIVO*
debemos *tener en cuenta otros factores?*

No sé si te/le he entendido bien.

■ Al obtener el turno.

Bien...	*Yo quería decir que...*	*Pues...*

■ Para tomar la palabra.

(Yo quería decir) una cosa...	*Yo quería decir que...*

■ Pedir confirmación de una opinión o mantener la atención.

... ¿no?	*... ¿verdad?*	*... ¿no cree/s?*

CONECTORES DE ARGUMENTACIÓN

◼ **Informar de un hecho y de sus consecuencias.**

por eso   Los transportes públicos funcionan mal. **Por eso** la gente va en coche.

◼ **Sacar conclusiones de una información.**

así que   No le han subido el sueldo; **así que** va a cambiar de trabajo.

entonces   ● Al final no le han subido el sueldo.
                  ○ **Entonces** se buscará otro trabajo, ¿no?

◼ **Resumir y sacar conclusiones.**

total, que   Se lleva mal con el jefe, gana poco, no le gusta el trabajo. **Total, que** va a buscar otro trabajo.

◼ **Aportar más información o más argumentos.**

(y) además   No le pagan mucho **y además** tiene que trabajar los sábados y los domingos.

◼ **Aportar una nueva información, que puede parecer inesperada o sorprendente, y que refuerza la argumentación.**

incluso   El Gobierno se ha equivocado con esa decisión. **Incluso** el Presidente lo ha reconocido.

◼ **Resaltar un argumento, quitando valor a otros anteriores.**

en cualquier caso   No es una buena solución, pero, **en cualquier caso,** es la única que podemos aplicar.

◼ **Contraponer razones o informaciones.**

ahora bien   Entiendo su opinión. **Ahora bien**, él debe hacer un esfuerzo y entender la mía.

sin embargo   Es un país muy rico. **Sin embargo**, gran parte de la población vive en la miseria.

◼ **Referirse a un tema ya mencionado o conocido por el interlocutor.**

en cuanto a   **En cuanto a** los problemas ambientales que afectan a España, la deforestación es uno de los más graves.

(con) respecto a   **(Con) respecto a** la política del Ministerio, tenemos que decir que no nos gusta nada.

Las reservas de petróleo no son eternas, por eso debemos buscar fuentes de energía alternativas.

Sí, incluso las grandes marcas de coches se han dado cuenta de eso.

gente que opina

■ Referirse a algo que se está diciendo o que ya se ha dicho.

esto   Sobre **esto** ya no hay nada más que decir. Ahora no podemos cambiar nada.
(= algo que el propio hablante está diciendo)

Fíjate en **esto**: la temperatura media del mundo subirá un grado hacia el año 2030.
(= algo que el propio hablante va a decir)

eso   **Eso** que ha dicho Javi es muy importante.
En **eso** no estoy nada de acuerdo.
(= algo que un interlocutor acaba de decir)

... y por **eso** no veo claro cómo podemos solucionar el problema.
No tenemos otra solución y a **eso** me refería cuando dije que estábamos obligados a aplicarla.
(= algo que el hablante ha dicho y que vuelve a mencionar en relación con nuevas informaciones)

aquello   ¿**Aquello** que me dijiste ayer es verdad?
¿Recuerdas **aquello** que te dije el lunes?
(= algo más alejado en el discurso o en el tiempo, tanto del interlocutor como del hablante)

■ Según con qué verbos se combinen, **esto/eso/aquello** van acompañados de las correspondientes preposiciones.

con eso   No **estar de acuerdo con** algo.

No estoy de acuerdo **con eso**.

a eso   **Referirse a** algo.

Me refiero precisamente **a eso**.

de eso   **Hablar de** algo.

De eso precisamente estamos hablando.

sobre eso   **Discutir / hablar / pensar/... sobre** algo.

Sobre eso justamente tenemos que hablar hoy.

CONTINUIDAD E INTERRUPCIÓN

Seguir + GERUNDIO   **Sigue** viviendo en Suecia.

Seguir sin + INFINITIVO   **Sigue sin** encontrarse bien.

Dejar de + INFINITIVO   Ha **dejado de** trabajar.

Ya no + PRESENTE INDICATIVO   **Ya no** trabaja.

¿Sigues saliendo con Arturo?

¿Arturo? Ya ni me acuerdo de la cara que tenía.

SENTIMIENTOS Y ESTADOS DE ÁNIMO

INFINITIVO
Verte así

NOMBRE SINGULAR
Este tema

QUE + SUBJUNTIVO
Que me vea así

SI/CUANDO + INDICATIVO
Si los veo así

me/te/le/nos/os/les

da lástima / vergüenza / risa/...
sorprende.
preocupa.
...

NOMBRE PLURAL
Estas situaciones   me/te/le/nos/os/les

dan lástima / vergüenza / risa...
sorprenden.
preocupan.
...

■ En este tipo de frases, usamos la construcción con Infinitivo cuando la persona que realiza la acción (**ver**, **vivir**...) y la que experimenta el sentimiento (**dar vergüenza**, **preocupar**...) son la misma.

Me **da** vergüenza **ver** esas cosas.
(a mí)   =   (yo)

¿No **te preocupa** **vivir** en un mundo así?
(a ti)   =   (tú)

■ En cambio, la construcción **que** + Subjuntivo se usa cuando la persona que realiza la acción (**ver**, **vivir**...) y la que experimenta el sentimiento (**dar vergüenza**, **preocupar**...) son diferentes.

Me **da** vergüenza que me **veas** así.
(a mí)   ≠   (tú)

¿No **te preocupa** que la gente **viva** en un mundo así?
(a ti)   ≠   (la gente)

■ La construcción **si** / **cuando** + Indicativo se puede usar, en todos los casos, con las expresiones con el verbo **dar** (**lástima, pena, vergüenza**...).

Me **da** vergüenza cuando **veo** esas cosas.
(a mí)   (yo)

Me **da** vergüenza si me **ves** así.
(a mí)   (tú)

Me da vergüenza que mi hijo salga así a la calle.

Pues a mí no me da nada de vergüenza ir así. ¡Al contrario!

ASÍ

Usamos **así** para referirnos a la forma de ser de algo o de alguien que, por el contexto, se supone conocida por el interlocutor.

No le hagas caso; él es **así**. (despistado, desordenado...)
Siempre hace las cosas **así**. (deprisa, sin poner atención...)
No te pongas **así**. (= No te enfades.)

PASAR / PASARLO / PASARLE / PASÁRSELE

■ **Pasar** (alguien).

(+ *UNIDADES TEMPORALES*)

¿Qué tal **ha pasado** la noche el enfermo?

He pasado   unos días muy agradables.

Hemos pasado   un buen rato.

■ **Pasarlo** (alguien).
  (lo)

(+ *ADVERBIO VALORATIVO O ADJETIVO SIN FLEXIÓN*)

Lo hemos pasado   bien / mal / estupendo / fatal...

Que usted **lo pase**   bien.

Que **lo paséis**   muy bien.

■ **Pasarle** (algo a alguien).
  (me/te/le/nos/os/les)

(+ *SUCESO*)

Siempre **me pasan**   cosas extrañas.

Le ha pasado   algo terrible.

¿Qué **te pasa**?

■ **Pasársele** (algo a alguien).
  (me/te/le/nos/os/les)

(*DESAPARICIÓN DE UNA SITUACIÓN O SENTIMIENTO*)

¿Ya **se te han pasado** los celos?

Estaba muy triste, pero ya **se le ha pasado**.

> **!** Atención:
> La expresión **pasársele algo a alguien** se construye como otras que tienen un matiz parecido de involuntariedad: **olvidársele, caérsele, rompérsele, ocurrírsele algo a alguien**...
>
> | (A mí) | **se me** | |
> |---|---|---|
> | (A ti) | **se te** | |
> | (A él, ella, usted) | **se le** | **ha** pasado el malhumor / el dolor / el hambre /... |
> | (A nosotros/as) | **se nos** | **han** pasado las ganas de jugar / los celos /... |
> | (A vosotros/as) | **se os** | |
> | (A ellos, ellas, ustedes) | **se les** | |

UN POCO / POCO

ADJETIVOS NEGATIVOS

Es **un poco** egoísta.

Es **un poco** orgullosa.

Es **un poco** tímido.

Es **un poco** despistado.

Es ~~un poco~~ inteligente.

ADJETIVOS POSITIVOS

Es **poco** sincero.

Es **poco** responsable.

Es **poco** consciente.

Es **poco** valiente.

gente con carácter

CAMBIOS EN LAS PERSONAS

■ Usamos **ponerse** y **quedarse** para expresar cambios espontáneos y no permanentes en el estado de ánimo.

*Se ha **puesto** muy nerviosa.*
*Me **puse** contentísimo.*

*Nos hemos **quedado** preocupados.*
*Se han **quedado** muy sorprendidas.*

■ Usamos **volverse** para expresar cambios de carácter, personalidad y comportamiento.

*Me he **vuelto** más sensible.*
*Te has **vuelto** un poco egoísta.*
*Se ha **vuelto** muy autoritario.*

> *Se ha vuelto un poco raro desde que se ha hecho rico.*

■ Empleamos **hacerse** para expresar desarrollo y evolución personal, profesional o social.

*Nos hemos **hecho** viejos.*
*Se **hizo** rica.*
*Se ha **hecho** un experto en el tema.*

CONSEJOS Y VALORACIONES

■ Usamos la construcción con Infinitivo cuando el consejo que damos es general y no lo dirigimos de modo explícito a nadie.

	ADJETIVO	*INFINITIVO*
Es	fundamental	**estudiar** mucho para aprobar el curso.
Me parece	exagerado	**levantarse** tan temprano.

■ En cambio, cuando nos referimos a un sujeto concreto, usamos la construcción **que** + Subjuntivo.

	ADJETIVO	*QUE + SUBJUNTIVO*
Es	fundamental	**que estudies** mucho para aprobar el curso.
Me parece	exagerado	**que te levantes** tan temprano.

SUPERLATIVOS EN -ÍSIMO

■ No todos los adjetivos admiten el uso de esta forma.

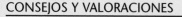

bueno ⟶ buen**ísimo**/a
egoísta ⟶ ~~egoist**ísimo**~~

■ Algunos adjetivos sufren cambios de diversos tipos.

amable ⟶ amab**ilísimo**/a
simpático ⟶ simpat**iquísimo**/a

PEDIR Y DAR COSAS

¿Tiene/s
¿Me deja/s
¿Puede/s dejarme } un bolígrafo?
¿Podría/s dejarme } tu diccionario?
¿Te/le importaría dejarme } algo para quitar manchas?

Sí, tome/a.
Sí, claro.
No tengo bolígrafo/diccionario/...
　　　　ninguno/a.

Lo siento, pero no lo/la tengo aquí.
　　　　　　aquí no tengo ninguno/a.

La elección entre las diferentes fórmulas depende del grado de familiaridad con el interlocutor, pero también depende de la dificultad que se considera que tiene la petición que se realiza.

¿Te importaría lavar los platos tú hoy? Es que yo tengo que salir ya.

Sí, claro. Por supuesto.

PEDIR A ALGUIEN QUE HAGA ALGO

■ Se pueden usar diversas fórmulas, según el grado de familiaridad con el interlocutor y según el tipo de petición que se realiza.

　　　　　　　　　 + INFINITIVO
¿Puede/s　　　venir un momento a mi despacho?
¿Podría/s　　　llamarme por teléfono más tarde?
¿Te/le importa　fregar los platos?
¿Te/le importaría　bajar un poco la música?

■ En peticiones de poca importancia, en relaciones de mucha confianza o, al contrario, muy jerarquizadas, también se pueden usar Imperativos para pedir acciones.

Pásame la sal, por favor.
Papá, tráeme un cuaderno de dibujo y unos lápices.
Dame la chaqueta, cariño.

PEDIR Y DAR PERMISO

¡Sargento! ¡Venga inmediatamente a mi despacho!

■ Con Infinitivo.

● ¿Puedo abrir la ventana?　　　○ Sí, claro, ábrela.
● ¿Puedo pasar?　　　　　　　　○ Pase, pase.

■ Con Presente de Indicativo.

● ¿Te/le importa si vengo con Toni?　○ No, claro, cómo me va a importar.

■ Con Presente de Subjuntivo.

● ¿Te/le importa que traiga a unos amigos?　○ No, claro, al contrario.

> **!**
>
> Atención:
> Al dar permiso, en español, es muy frecuente repetir algún elemento.
>
> ● ¿Puedo poner este disco?
> ○ Sí, **ponlo, ponlo.**
>   Sí, sí, ponlo.
>   ~~Sí, puedes.~~

¿Se puede?

Adelante.

REFERIR LAS PALABRAS DE OTROS

■ Transmitir informaciones: **decir, comentar, contar.**

			+ INDICATIVO
me	dice		María **se casa** el lunes.
te	ha dicho	que	ayer no **se encontraba** bien.
le	comenta		
nos	ha comentado		
os	cuenta		
les	ha contado		

● ¿Qué **te cuenta** Clara en la carta?
○ Pues nada, **que** está pasando unos días en Italia.

Me han contado que has cambiado de trabajo. ¿Dónde estás ahora?

■ Transmitir preguntas: **preguntar.**

				+ INDICATIVO
me		si		**vamos** a ir a su boda.
te				
le	pregunta	qué		**quiero** comer mañana.
nos	ha preguntado	cuándo		**iremos** a la playa.
os		por qué		**estoy** enfadado.
les		...		

Rosa **me ha preguntado** varias veces **si** vamos a ir a su boda.

Mi abuela siempre **nos pregunta por qué** no vamos a visitarla más a menudo.

Siempre que el profesor **le pregunta** a Michael **qué** ha hecho el fin de semana, él **le dice que** ha estado viendo la tele.

> **!**
>
> Atención:
> En la lengua oral es frecuente el uso de **que** antes de las otras partículas interrogativas (**que si, que dónde, que cuándo**...), pero se evita en la lengua escrita.
>
> Rosa **me ha preguntado** varias veces **(que) si** vamos a ir a su boda.

■ Transmitir o referir peticiones, recomendaciones y consejos: **decir, pedir, recomendar, aconsejar...**

	dice		
me	ha dicho		+ *SUBJUNTIVO*
te	pide		le **llames**.
le	ha pedido	que	**pases** por su casa.
nos	recomienda		**descansemos** más.
os	ha recomendado		**se tomen** unas vacaciones.
les	aconseja		
	ha aconsejado		

Me ha dicho tu jefe **que** le **llames** cuanto antes.
Alberto **me ha pedido que vaya** con él a la playa, pero no sé qué hacer.

Venid aquí y así podemos hablar tranquilamente.

Dice que vayamos a su casa.

Oye, he perdido mis apuntes. ¿Puedes traerme los tuyos?

Dice que ha perdido sus apuntes y que si puedo llevarle los míos.

■ Muchas veces reformulamos con un único verbo todas las palabras de la persona que las dijo.

Me ha dicho que vaya a su fiesta. = **Me ha invitado** a su fiesta.

Para ello, en lugar de los verbos habituales (**decir, preguntar...**) utilizamos otros.

INVITAR	PEDIR	PROTESTAR
ENVIAR / MANDAR SALUDOS	RECORDAR	ACONSEJAR
AGRADECER	FELICITAR	RECOMENDAR
DISCULPARSE	AVISAR	DAR LAS GRACIAS
SALUDAR	QUEJARSE	DAR LA ENHORABUENA

Atención:
Algunos de estos verbos necesitan una preposición: avisar **de**, invitar a alguien **a** hacer una cosa, felicitar **por**, dar las gracias **por**, dar la enhorabuena **por**.

Juan nos ha escrito. **Nos invita a** su fiesta de cumpleaños. Es el sábado.
Los Pérez han escrito. **Nos dan las gracias por** el regalo que les hicimos.

FORMAS Y USOS DE LOS POSESIVOS

■ Podemos determinar un objeto o una persona usando los posesivos de la serie átona antes del sustantivo.

SERIE ÁTONA

SINGULAR	*PLURAL*	
mi	**mis**	
tu	**tus**	
su (de él, ella, usted)	**sus** (de él, ella, usted)	
nuestro/a	**nuestros/as**	+ *SUSTANTIVO*
vuestro/a	**vuestros/as**	
su (de ellos, ellas, ustedes)	**sus** (de ellos, ellas, ustedes)	

Mi coche está aparcado en la entrada.
¿Dondes están **vuestras** maletas?

■ Para informar sobre quién es el propietario de un objeto, se usa el pronombre posesivo sin artículo, normalmente con el verbo **ser**.

SERIE TÓNICA

	SINGULAR		*PLURAL*
	mío/a		míos/as
	tuyo/a		tuyos/as
(es)	suyo/a	(son)	suyos/as
	nuestro/a		nuestros/as
	vuestro/a		vuestros/as
	suyo/a		suyos/as

- ●¿Es **vuestra** esta maleta?
- ○A ver... sí, muchas gracias.

- ●¿De quién es este libro?
- ○(Es) **mío**, gracias.

■ Cuando ya está claro a qué sustantivo nos referimos, para evitar repeticiones usamos los pronombres de la serie tónica con artículo.

SINGULAR		*PLURAL*	
el mío	la mía	los míos	las mías
el tuyo	la tuya	los tuyos	las tuyas
el suyo	la suya	los suyos	las suyas
el nuestro	la nuestra	los nuestros	las nuestras
el vuestro	la vuestra	los vuestros	las vuestras
el suyo	la suya	los suyos	las suyas

- ●Tengo muchos problemas con **mi** ordenador nuevo. ¿Tú no?
- ○¡Qué va! **El mío** funciona estupendamente.

- ●Tú y Enrique tenéis el mismo coche, ¿no?
- ○No, **el suyo** es un poco más potente.

FÓRMULAS EN LA CORRESPONDENCIA

En la correspondencia podemos encontrar diferentes niveles de formalidad.

	ENCABEZAMIENTO	*DESPEDIDA*
Estilo familiar, para amigos y conocidos	Querido Pepe: Querido/a amigo/a:	Muchos besos. Un fuerte abrazo. Recuerdos a... Besos para...
Estilo cordial, para conocidos o desconocidos	Apreciado/a amigo/a: Estimado/a colega:	Un cordial saludo. Un abrazo. Saludos a...
Estilo distante, para desconocidos	Muy señor mío: Distinguido/a señor/a:	Atentamente (le saluda).

FORMAS VERBALES NO PERSONALES

	INFINITIVO	GERUNDIO	PARTICIPIO
-AR	estudiar	estudiando	estudiado
-ER	beber	bebiendo	bebido
-IR	salir	saliendo	salido

PARTICIPIOS IRREGULARES

VER	visto	HACER	hecho
VOLVER	vuelto	PONER	puesto
ESCRIBIR	escrito	DECIR	dicho

EL PRESENTE DE INDICATIVO

REGULARES

	-AR ESTUDIAR	-ER LEER	-IR ESCRIBIR
(yo)	estudio	leo	escribo
(tú)	estudias	lees	escribes
(él, ella, usted)	estudia	lee	escribe
(nosotros/as)	estudiamos	leemos	escribimos
(vosotros/as)	estudiáis	leéis	escribís
(ellos, ellas, ustedes)	estudian	leen	escriben

IRREGULARES FRECUENTES

	SER	ESTAR	IR
	soy	estoy	voy
	eres	estás	vas
	es	está	va
	somos	estamos	vamos
	sois	estáis	vais
	son	están	van

OTROS IRREGULARES

	DECIR	OÍR	SABER	HACER
(yo)	digo	oigo	sé	hago
(tú)	dices	oyes	sabes	haces
(él, ella, usted)	dice	oye	sabe	hace
(nosotros/as)	decimos	oímos	sabemos	hacemos
(vosotros/as)	decís	oís	sabéis	hacéis
(ellos, ellas, ustedes)	dicen	oyen	saben	hacen

CON CAMBIO VOCÁLICO

	(yo) ZC TRADUCIR	O/UE PODER	E/IE QUERER	E/I REPETIR
	traduzco	puedo	quiero	repito
	traduces	puedes	quieres	repites
	traduce	puede	quiere	repite
	traducimos	podemos	queremos	repetimos
	traducís	podéis	queréis	repetís
	traducen	pueden	quieren	repiten

REFLEXIVOS

	DUCHARSE	ABURRIRSE
(yo)	me ducho	me aburro
(tú)	te duchas	te aburres
(él, ella, usted)	se ducha	se aburre
(nosotros/as)	nos duchamos	nos aburrimos
(vosotros/as)	os ducháis	os aburrís
(ellos, ellas, ustedes)	se duchan	se aburren

OTROS REFLEXIVOS FRECUENTES

LLAMARSE	SENTARSE
QUEDARSE	PONERSE
TOMARSE	IRSE
LEVANTARSE	DORMIRSE
DESPERTARSE	SENTIRSE
CUIDARSE	DIVERTIRSE
LLEVARSE	MORIRSE

EL PRETÉRITO PERFECTO DE INDICATIVO

	PRESENTE DE HABER +	PARTICIPIO
(yo)	he	
(tú)	has	
(él, ella, usted)	ha	estado
(nosotros/as)	hemos	comido
(vosotros/as)	habéis	vivido
(ellos, ellas, ustedes)	han	

EL PRETÉRITO IMPERFECTO DE INDICATIVO

REGULARES

	-AR	**-ER**	**-IR**
	HABLAR	TENER	VIVIR
(yo)	hablaba	tenía	vivía
(tú)	hablabas	tenías	vivías
(él, ella, usted)	hablaba	tenía	vivía
(nosotros/as)	hablábamos	teníamos	vivíamos
(vosotros/as)	hablabais	teníais	vivíais
(ellos, ellas, ustedes)	hablaban	tenían	vivían

IRREGULARES

	SER	**IR**
era	iba
eras	ibas
era	iba
éramos	íbamos
erais	ibais
eran	iban

EL PRETÉRITO INDEFINIDO DE INDICATIVO

REGULARES

	-AR	**-ER**	**-IR**
	TERMINAR	CONOCER	VIVIR
(yo)	terminé	conocí	viví
(tú)	terminaste	conociste	viviste
(él, ella, usted)	terminó	conoció	vivió
(nosotros/as)	terminamos	conocimos	vivimos
(vosotros/as)	terminasteis	conocisteis	vivisteis
(ellos, ellas, ustedes)	terminaron	conocieron	vivieron

IRREGULARES CON CAMBIO VOCÁLICO

	E/I	**O/U**
	PEDIR	DORMIR
pedí	dormí
pediste	dormiste
pidió	durmió
pedimos	dormimos
pedisteis	dormisteis
pidieron	durmieron

OTROS IRREGULARES

	ESTAR	SER/IR	HACER	DECIR	CONDUCIR
(yo)	estuve	fui	hice	dije	conduje
(tú)	estuviste	fuiste	hiciste	dijiste	condujiste
(él, ella, usted)	estuvo	fue	hizo	dijo	condujo
(nosotros/as)	estuvimos	fuimos	hicimos	dijimos	condujimos
(vosotros/as)	estuvisteis	fuisteis	hicisteis	dijisteis	condujisteis
(ellos, ellas, ustedes)	estuvieron	fueron	hicieron	dijeron	condujeron

OTRAS RAÍCES IRREGULARES

PODER	pud-		-e
PONER	pus-		-iste
TENER	tuv-		-o
SABER	sup-	+	-imos
VENIR	vin-		-isteis
QUERER	quis-		-ieron

EL PRETÉRITO PLUSCUAMPERFECTO DE INDICATIVO

*IMPERFECTO DE **HABER** + PARTICIPIO*

(yo)	había	
(tú)	habías	
(él, ella, usted)	había	estado
(nosotros/as)	habíamos	comido
(vosotros/as)	habíais	vivido
(ellos, ellas, ustedes)	habían	

EL IMPERATIVO

REGULARES   *IRREGULARES*

	TOMAR	BEBER	SUBIR	PONER	SER	IR	DECIR	SALIR	VENIR	TENER	HACER
(tú)	toma	bebe	sube	**pon**	**sé**	**ve**	**di**	**sal**	**ven**	**ten**	**haz**
(vosotros/as)	tomad	bebed	subid	poned	sed	id	decid	salid	venid	tened	haced
(usted)	tome	beba	suba	ponga	sea	vaya	diga	salga	venga	tenga	haga
(ustedes)	tomen	beban	suban	pongan	sean	vayan	digan	salgan	vengan	tengan	hagan

EL FUTURO

REGULARES   *IRREGULARES*

(yo)		-é
(tú)		-ás
(él, ella, usted)	cenar	-á
(nosotros/as)	conocer	-emos
(vosotros/as)	vivir	-éis
(ellos, ellas, ustedes)		-án

CABER	cabr	
SABER	sabr	
HABER	habr	-é
PONER	pondr	-ás
TENER	tendr	-á
PODER	podr	-emos
HACER	har	-éis
QUERER	querr	-án
SALIR	saldr	
VENIR	vendr	

EL CONDICIONAL

REGULARES   *IRREGULARES*

(yo)		-ía
(tú)		-ías
(él, ella, usted)	cenar	-ía
(nosotros/as)	conocer	-íamos
(vosotros/as)	vivir	-íais
(ellos, ellas, ustedes)		-ían

CABER	cabr	
SABER	sabr	
HABER	habr	-ía
PONER	pondr	-ías
TENER	tendr	-ía
PODER	podr	-íamos
HACER	har	-íais
QUERER	querr	-ían
SALIR	saldr	
VENIR	vendr	

EL PRESENTE DE SUBJUNTIVO

REGULARES   *IRREGULARES FRECUENTES*

	HABLAR	COMER	VIVIR	SER	IR	HABER
(yo)	hable	coma	viva	**sea**	**vaya**	**haya**
(tú)	hables	comas	vivas	**seas**	**vayas**	**hayas**
(él, ella, usted)	hable	coma	viva	**sea**	**vaya**	**haya**
(nosotros/as)	hablemos	comamos	vivamos	**seamos**	**vayamos**	**hayamos**
(vosotros/as)	habléis	comáis	viváis	**seáis**	**vayáis**	**hayáis**
(ellos, ellas, ustedes)	hablen	coman	vivan	**sean**	**vayan**	**hayan**

gente que sabe

IRREGULARES CON CAMBIO VOCÁLICO

	PODER	QUERER	REPETIR	SENTIR
(yo)	pueda	quiera	repita	sienta
(tú)	puedas	quieras	repitas	sientas
(él, ella, usted)	pueda	quiera	repita	sienta
(nosotros/as)	podamos	queramos	repitamos	sintamos
(vosotros/as)	podáis	queráis	repitáis	sintáis
(ellos, ellas, ustedes)	puedan	quieran	repitan	sientan

PRONOMBRES PERSONALES

SUJETO	REFLEXIVOS	OD	OI	CON PREPOSICIÓN **a, de, por, para, sin...**	CON LA PREPOSICIÓN **con**
yo	me	me	me	mí	conmigo
tú	te	te	te	ti	contigo
él, ella, usted	se	lo/le, la	le	él, ella, usted	con él/ella/usted
nosotros/as	nos	nos	nos	nosotros/as	con nosotros/as
vosotros/as	os	os	os	vosotros/as	con vosotros/as
ellos, ellas, ustedes	se	los, las	les	ellos, ellas, ustedes	con ellos/ellas/ustedes

POSESIVOS

YO

mi	mío	el mío
	mía	la mía
mis	míos	los míos
	mías	las mías

TÚ

tu	tuyo	el tuyo
	tuya	la tuya
tus	tuyos	los tuyos
	tuyas	las tuyas

ÉL, ELLA, USTED

su	suyo	el suyo
	suya	la suya
sus	suyos	los suyos
	suyas	las suyas

NOSOTROS/AS

nuestro	el nuestro
nuestra	la nuestra
nuestros	los nuestros
nuestras	las nuestras

VOSOTROS/AS

vuestro	el vuestro
vuestra	la vuestra
vuestros	los vuestros
vuestras	las vuestras

ELLOS, ELLAS, USTEDES

su	suyo	el suyo
	suya	la suya
sus	suyos	los suyos
	suyas	las suyas

DEMOSTRATIVOS

MASC. SING.	*FEM. SING.*	*MASC. PL.*	*FEM. PL.*
este	esta	estos	estas
ese	esa	esos	esas
aquel	aquella	aquellos	aquellas

NEUTRO

esto
eso
aquello

ARTÍCULOS

MASC. SING.	FEM. SING.	MASC. PL.	FEM. PL.
el	la	los	las
un	una	unos	unas

OTRO, OTRA, OTROS, OTRAS

MASC. SING.	FEM. SING.	MASC. PL.	FEM. PL.
otro	otra	otros	otras

POCO, SUFICIENTE, BASTANTE, MUCHO, DEMASIADO

MASC. SING.	FEM. SING.	MASC. PL.	FEM. PL.
poco	poca	pocos	pocas
mucho	mucha	muchos	muchas
demasiado	demasiada	demasiados	demasiadas
suficiente		suficientes	
bastante		bastantes	

ALGÚN/A, ALGUNOS/AS, NINGÚN/O/A

MASC. SING.	FEM. SING.	MASC. PL.	FEM. PL.
algún/o	alguna	algunos	algunas
ningún/o	ninguna	--	--

MISMO/A/OS/AS

MASC. SING.	FEM. SING.	MASC. PL.	FEM. PL.
mismo	misma	mismos	mismas

GÉNERO Y NÚMERO DEL ADJETIVO

MASC. SING.	FEM. SING.	MASC. PL.	FEM. PL.
-o	-a	-os	-as
activo, serio	activa, seria	activos, serios	activas, serias
-or	-ora	-ores	-oras
trabajador	trabajadora	trabajadores	trabajadoras
-e		-es	
alegre, inteligente		alegres, inteligentes	
-ista		-istas	
optimista, deportista		optimistas, deportistas	
-consonante (-l, -z...)		-consonante + es (-les, -ces...)	
fácil, feliz		fáciles, felices	

gente
Nueva Edición

Libro del alumno 2

Autores:
Ernesto Martín Peris
Neus Sans Baulenas

Coordinación editorial y redacción: Montse Belver y Agustín Garmendia
Corrección: Eduard Sancho

Diseño y dirección de arte: Ángel Viola
Maquetación: Núria París y David Portillo
Ilustraciones: Pere Virgili / Ángel Viola
Diseño de portada: Enric Font

Asesores internacionales:
Mercedes Rodríguez Castrillón y Carmen Ramos, Universidad de Wuerzburg, Alemania; equipos docentes del Instituto Cervantes de Berlín, Bremen, Múnich y Viena, Alemania y Austria; María Soledad Gómez, Instituto Hispanohablantes de Porto Alegre, Brasil; Manuela Gil-Toresano, Instituto Cervantes, Madrid, España; Edith Aurrecoechea Montenegro y Carmen Soriano Escolar, International House Barcelona, España; Bibiana Tonnelier, Escuela Aprender de Atenas, Grecia; Giovanna Benetti, Liceo Scientifico F. Cecioni de Livorno, Italia; Mariarita Casellato, Liceo Scientifico Statale N. Copernico de Bologna, Italia; Emilia Di Giorgio, Istituto Magistrale Statale A. Manzoni, Italia; Marina Russo, I.T.C.G. Federico Caffè, Roma, Italia; Victoria Cañal, Centro Español Lorca, Glasgow, Reino Unido; Pablo Martínez Gila y equipo de docentes del Instituto Cervantes de Estambul, Turquía.

Imágenes:
Fotografías: Frank Kalero, excepto: Núria Bailón: pág. 26; El Bulli (Daniel Bardají): pág. 19 (Ferran Adrià y plato); Miguel Angel Chazo: pág. 117 (Cubos de Moneo); Cover: pág. 19 (Laura Restrepo y Manuel Patarroyo), 111 (Montevideo), 112 (Nevado Ojos del Salado), 117 (Javier Bardem) y 119 (Isla de Pascua, Las Palmas); El Deseo s.a: pág. 34; Europa Press: pág. 40 (laboratorio), 80-81, 88-89; Asún Fornés: pág. 39 (esquí); Marc Javierre: portada, pág. 17 (A), 30 y 46 (chica en silla); Lucía Gestión, S.L. (Juan Estrada): pág. 117 (Paco de Lucía); Mòn: pág. 10 (Josu), 73 (flores y despertadores), 91 (Elvira) y 119 (Isla de la Juventud, Cuba); Antonia Moya: pág. 12-13; Observatorio Astrofísico Roque de los Muchachos: pág. 119 (observatorio); Queen International: pág. 53; Miguel Raurich: pág. 40 (ensalada), 58-59 (todas, excepto Teléfono-langosta), 110-111-112 (Buenos Aires, Santiago de Chile, Los Andes, Valparaíso y Desierto de Atacama), 116-117 (playa, Ciudad de las Ciencias, La Giralda, terraza, Catedral de Santiago, platos gastronómicos); Guillermo Rodríguez Cirujano: pág. 18; Secretaría de la Nación de la República de Argentina: pág. 110-111 (gauchos y Buenos Aires). **Carteles:** *Balseros:* Televisió de Catalunya i Bausan Films, S.L.; *Días de fútbol:* Telespan 2000; *El hijo de la novia:* Tornasol Films; *El Retablo de las Maravillas:* La Cúpula Teatre S.C.C.L.; *Hable con Ella* y *La mala educación:* El Deseo, S.A.; *Los Lunes al sol:* Elías Querejeta P.C., S.L.; *Poeta en Nueva York:* Amores que matan, S.L.; *Suite Habana:* Wanda Vision S.A; *Te doy mis ojos* © 2003 Producciones La Iguana - Alta producción; *Todo por que rías:* Les Luthiers, S.R.L. **Otros:** *La aznaridad,* M. Vázquez Montalbán: Random House Mondadori; *Quinteto de Buenos Aires* y *El delantero centro fue asesinado al atardecer,* M. Vázquez Montalbán: Editorial Planeta, S.A.; *Sin Noticias de Gurb,* Eduardo Mendoza: Seix Barral. Casa Patas; Chocolate Café-Restaurante; La Fusión; Lolita Lounge; Pulgas Mix; Salsitas Restaurante. Educación Sin Fronteras; Fundación Economistas Sin Fronteras; Ingeniería Sin Fronteras; Payasos Sin Fronteras; Reporteros Sin Fronteras. Teléfono-Langosta: © Salvador Dalí, Fundació Gala-Salvador Dalí, VEGAP, 2004.

Razones ajenas a la editorial han impedido disponer de la autorización expresa para reproducir algunas de las imágenes.
La editorial Difusión agradecerá cualquier información al respecto.

Infografía: Pere Arriaga / Àngels Soler

Material auditivo (CD y transcripciones): Material auditivo (CD y transcripciones):
Voces: Argentina: Fabián Fattore, Paula Lehner; Chile: Francisco Fernández; Cuba: Laura Fernández, Félix Ronda; España: José Antonio Benítez, Rosa Moyano, Lola Oria, Kepa Paul Parra, Amalia Sancho, Clara Segura, Nuria Villazán, Armand Villén; Perú: Luis G. García; México: Rosa María Rosales.
Música: Juanjo Gutiérrez. **Grabación:** Estudios 103 y CYO Studios, Barcelona.

Agradecimientos:
Elisabeth Aguilà, Toni Alarcón, Rafael Amargo y David López, Sira e Ivette Antoni, Núria Bailón, Jaime Corpas, Marise y Tomas Fernández, Enric Font, Asun Fornés, Trini García, Pablo Garrido, Márcel López, María Manzanera, Txus Marrugat, Yolanda Mejías, Olga Mias, Antonia Moya, Gemma Olivas, Anna Pahissa, Nuria Pam, Jon París, Edu Pedroche, Sara Polo, Dani Roca, Jesús Sánchez, Jordi Sangenís.

© Los autores y Difusión, S.L. Barcelona 2004

ISBN (versión Internacional): 84-8443-145-2
ISBN (versión holandesa): 90 5451 5457
ISBN (versión griega): 84-8443-213-0
Depósito Legal: B-23261-2004

Nueva edición revisada (mayo 2006)

Impreso en España por Tallers Gràfics Soler S.A.

difusión

Centro de
Investigación y
Publicaciones
de Idiomas, S. L.

C/Trafalgar, 10, entlo. 1ª
08010 Barcelona
Tel. (+34) 93 268 03 00
Fax (+34) 93 310 33 40
editorial@difusion.com

www.difusion.com